Harald Friedl

Der Schwanz

Männer über ihr Geschlecht

Die Deutsche Bibliothek – CIP-Einheitsaufnahme
Der **Schwanz** : Männer über ihr Geschlecht / Harald Friedl (Hg.). –
Wien – Promedia, 1998
ISBN 3-85371-137-5

Umschlag und Layout: Scheubmayr & Berthold Ges.b.R.
Lektorat: Barbara Neuwirth
Druck: WB-Druck
Printed in Austria
ISBN 3-85371-137-5

Der Schwanz

Männer über ihr Geschlecht

Harald Friedl

PROMEDIA

Inhalt

Vorspiel 5

Eine Rose ist eine Rose ist eine Rose ... 17

Die Krümmung der Banane 37

Liebe, geile Tiere 64

Sexus 74

Geschmackssachen 120

Trans 125

Blicklust 134

Die dunkle Seite des Mondes 154

Heimat Körper 176

Die GesprächspartnerInnen 178

Verwendete und zitierte Literatur 186

Filme 188

Der Autor 189

Vorspiel

Was Sie in diesem Buch finden, ist keine wissenschaftliche Abhandlung, sondern eine Sammlung höchst unterschiedlicher, höchst persönlicher und einfühlsamer Beziehungsportraits zwischen dem Mann und seinem auch als „bestes Stück" titulierten Körperteil. Daß diese Beziehungsportraits mehr oder weniger inszenatorisch und teils spielerisch sind, sei gleich vorweg eingeräumt.

Was umgangssprachlich am häufigsten als „Schwanz" bezeichnet wird, erhält, je nach Anlaß oder Erscheinungsbild, auch ganz unterschiedliche, teils lautmalerische Titel: „Penis", „Prügel", „Zumpferl", „Lustschwengel", „Beidl", „Phallus", „Latte", „Pipi" ... Allein die Vielzahl der Synonyme, die im Sprachgebrauch sind, ist Ausdruck seiner besonderen Stellung im männlichen Selbstverständnis. Der Schwanz zeichnet schon den kleinen Jungen gegenüber den Mädchen aus, wie er meint, weil er einen hat und Mädchen eben nicht.[1] Er trägt sein nach außen gestülptes Geschlechtsteil wie eine Auszeichnung, zu der er so lange ein narzißtisches Vertrauensverhältnis hat, bis ihm die Praxis beweist, daß seines nicht das Maß aller Dinge ist. Noch mehr Zeit muß verstreichen, bis er irgendwann vielleicht über das Bonmot von Woody Allen lachen kann, daß auch er, der Filmprotagonist unter Penisneid leide.[*]

Man muß sich die embryonale Entwicklungsgeschichte der primären Geschlechtsteile vor Augen führen: Physiologisch gesehen ist der Embryo die ersten zwei Monate nach der Zeugung ein Mädchen. Dann entwickelt sich unter dem Einfluß des männlichen Hormons Testosteron der sogenannte Wolffsche Gang zu Samenleiter, Nebenhoden und Samenbläs-

1 Freud definierte dafür den Begriff „Penisneid" als existentielle Kategorie der Frau. Ich würde mich einer psychosozialen Interpretation anschießen, wie sie etwa bei Riedl/Schweder zu finden ist, die es für viel wahrscheinlicher halten, „daß nur der Kult um das kleine Organ des Knaben neiderweckend ist". Aus: Riedl/Schweder 1997: 134.

* Sie (Diane Keaton): „[...] Penisneid. Ist das ein Begriff für Dich?" Er (Woody Allen): „Und ob das ein Begriff für mich ist! Ich bin doch einer der wenigen Männer, die darunter leiden." Aus dem Spielfilm „Der Stadtneurotiker", USA 1977.

chen. Aus dem Geschlechtshöcker wird der Penis. Und weil in der Natur alles dual angelegt ist, sorgt ein zweites Hormon, der sogenannte Müllersche Hemmstoff, dafür, daß der Müllersche Gang verkümmert und sich nicht doch noch zu Scheide, Gebärmutter und Eileiter auswächst.

Was den Schwanz zu einem so heiklen Thema macht, ist die Tatsache, daß er als das zentrale Instrument der Männersexualität in unserer hochgradig sexualisierten Kultur gilt. Eine der großen Peinlichkeiten männerbündlerischer Unternehmungen liegt in den Penisvergleichen, die beim Gruppenduschen oder auf der Symbolebene stattfinden. Gleichsetzung mit Waffen, beruflicher Position, Größe des Autos, Attraktivität und Jugendlichkeit der Partnerin oder des Partners etwa sind Kriterien auf der Symbolebene, die über den präsumtiven Rang eines Mannes in der Gruppe Auskunft geben. Der Urologe Dudley Seth Danoff hält den Penis gar für „ein Organ der männlichen Seele". Er schreibt: „Er ist die Achse, um die Körper und Persönlichkeit eines Mannes kreisen."[2]

Mögen die Meinungen darüber auch geteilt sein, so weist der Urologe damit doch zu Recht auf die kaum zu leugnende identitätsstiftende Bedeutung des Schwanzes hin. Auch wenn er im schlaffen, „schlumpumpenartigen" Zustand nur ein Pißglied ist, so drückt er doch bereits die Möglichkeit aus, ein „gereckter David" zu werden, ein äußeres Zeichen von Erregung, ein Zeichen einer gelungenen sexuellen Provokation, ein Zeichen des Begehrens, das sich auf ein Objekt bezieht, ein Symbol der Macht, die bei Erregung sexuell drohend oder befriedigend zum Einsatz gebracht werden kann.

Ansonsten ist der Schlaffe scheinbar nicht von Bedeutung. Er ist kein Glied, mit dem sich viel bewegen läßt, kein starker Arm, und er ist kein Organ, das individuell lebenswichtige Funktionen erfüllt. Er zählt biologisch nur in Hinblick auf seine Entwicklung zu gegebenen Anlässen. Mehr als jeder Muskel verändert er sein Aussehen und damit seine Bedeu-

2 Danoff 1996: 16. Die Erwähnung des Buches an dieser Stelle stellt beileibe keine Empfehlung dar! Wie in zahlreichen populärwissenschaftlichen Publikationen wird hier das Normale und alltäglich Angenehme mit neuen Termini wie „Penis-Power" und eben „Superpotenz" umschrieben, kategorisiert, mit einem seelischen Ratgeber-Teil boulevardmäßig in die Länge gezogen und als neue Erkenntnis verkauft.

tung im Auge der Betrachterin oder des Betrachters. Den weitaus größten Teil seiner „Stehzeit" erlebt er allerdings im Schlaf, also ausgerechnet dann, wenn Mann nichts davon merkt und nur selten Lust daran empfindet. Er hat als Körperteil eine besondere Funktion in einer besonderen Sphäre der menschlichen Existenz. Er ist das eindeutigste Ausdrucksmittel männlicher Sexualität und ein wesentlicher Reizpunkt an einem in seiner Ganzheit das Sexuelle erlebenden und darstellenden Körper.

Trotz seiner Zweigestaltigkeit und trotz seiner vitalen individuellen und arterhaltenden Bedeutung gehört seine Befindlichkeit nicht zum Standardrepertoire von Gesprächen. Nur implizit schwingt er in Bemerkungen über die Objekte der Begierde mit. Aber die erotischen Schwingungen selbst, das Empfinden von Lust, der Genuß, die Art des Vollzuges, das Orgasmuserlebnis gehen zwischen Tabu, Angst, Hemmungen und Sprachlosigkeit unter. Am ehesten taucht er noch in Witzen auf. Meist als der Kranke, der seine sexuelle Aufgabe nicht erfüllen will oder als der Übergroße, der seine BetrachterInnen in basses Erstaunen versetzt.

Schwule Männer sind auf Grund kultureller Vorurteile, die ihre Lust denunzieren, weil sie viele Heterosexuelle ängstigt, zu einer ernsthaften Auseinandersetzung gezwungen. Daher, und weil Homosexuelle den Schwanz auch als Objekt der Begierde erleben, pflegen viele, auch in Gesprächen, einen bewußteren und offeneren Umgang mit den erogenen Zonen des männlichen Körpers. Unter heterosexuellen Männern ist er dagegen kein seriöses Gesprächsthema und wird meist nur dann thematisiert, wenn es Zimperlein oder Krankheiten[3] zu besprechen gilt, eigene oder die anderer.

Unsere Zivilisation macht ihre Lernangebote zum Spracherwerb eben vorwiegend im Hinblick auf Erlebnisse. Erlebnisse, auch Wahrnehmun-

3 Er kann gut und gerne Gegenstand der öffentlichen Erörterung sein, wenn Krankheit und deren Heilung, Lust und deren Zählung oder Messung daran gekoppelt sind, kulturelle Kategorien, die für unsere Zivilisation identitätskonstituierend sind. Manche Krankheiten allerdings sind, je nach dem Gegenüber, mit Vorsicht zu behandeln. Krebs beispielsweise kann, je nach dem befallenen Körperteil, heikel sein. In den USA etwa gilt es weithin als kraß unhöflich, das Wort „cancer", Krebs, öffentlich auszusprechen. Als Umschreibung wird „the big ‚C'" verwendet.

gen und Beobachtungen fallen darunter, bieten folglich den Stoff, aus dem die Gespräche sind. Vornehmlich solche, die den Sprecher oder die Sprecherin in einem alltagskompetenten Licht erscheinen lassen. Daseinsempfindungen, Seinskategorien, die conditio humana kommen nur unter AlltagsphilosophInnen und Intellektuellen zur Sprache. Doch Vorsicht! Der gebildete Diskurs soll wissend und vornehm sein und alle potentiell anstößigen Bereiche aussparen. Sozial abgefedert ist noch das Gespräch über die Affairen gemeinsamer Bekannter, doch darin wird ein Diskurs über Sexualität eher vermieden als begonnen.[4]

Widerspruch regt sich: Talk Shows leben doch davon, Sexualität zu thematisieren. Doch die verklemmte Art und Weise, in der dort darüber gesprochen wird, leistet keinen Beitrag zur Erlangung einer größeren inneren Freiheit. Es ist die Freiheit der SelbstdarstellerInnen, die dort in der Regel zelebriert wird. Denn die Sphäre des Sexuellen ist mit so viel Angst besetzt, daß kaum jemand wagt, sich gedanklich über die Grenzen des gesellschaftlich Akkordierten hinauszubewegen. Abgesehen davon liegt es im Wesen des Mediums, das RedakteurInnen, ModeratorInnen, Talk Master, Gäste und CutterInnen zu floskelhafter Kürze anhält, daß komplexere Vorstellungen nicht zur nötigen Entfaltung gebracht werden können. Und was wäre komplexer und ausführlicher zu behandeln als eine existentielle Kategorie wie die Sexualität? Die Antwort auf Exhibitionismus kann nur vorübergehend das Schweigen sein. Man sollte das Terrain nicht jenen überlassen, die den Menschen zum Objekt der Ausbeutung machen. Es geht um eine Steuerung des Diskurses in eine sinnvolle Richtung. Und sinnvoll ist, was den Menschen befreit, indem man Zwängen, Ängsten und Sprachlosigkeit entgegenwirkt.

Die Rede ist vom Sprechen über den eigenen Körper. Männer haben die Philosophiegeschichte des Abendlandes dominiert und geschrieben.

4 Michel Foucault spricht von jahrhundertelang geübten „Abschirm-Diskursen“: „Mindestens bis zu Freud hätte demnach der Diskurs über den Sex – der Diskurs der Gelehrten und Theoretiker – kaum aufgehört, seinen Gegenstand zu verdunkeln.“ Foucault 1983: 69.

Die Vorstellung, der Mensch allein, gemeint war der Mann, besitze ein Bewußtsein seiner selbst, ist spätestens seit Parmenides, Heraklit, Sokrates und Platon fest in den Kanon der abendländischen Philosophiegeschichte eingeschrieben.[5] Das menschliche Wesen wäre demnach befähigt, über Wahrnehmung, Dasein, Natur, ja sogar über das Denken nachzudenken, ohne daß ihm natürliche Grenzen gesetzt wären.

Diese auf alles Denkbare anwendbare und scheinbar polare Subjekt-Objekt Beziehung erfährt jedoch dann einen Knick, wenn es darum geht, das Ureigenste zu reflektieren, die eigene Wesenheit und Beschaffenheit in den Brennpunkt der Betrachtungen zu rücken. Denken wird dann heikel, wenn es über jenen Körper nachzudenken gilt, der denkt,[6] weil man sich dabei selbst in Frage stellt. Es ist schon schwierig genug, über sein eigenes Gesicht[7], noch schwieriger ist es aber, über seine primären Geschlechtsmerkmale zu sprechen. Ein solches Unterfangen ist auch deshalb heikel, weil es impliziert, der Geist wäre eine und das Fleisch eine andere Dimension.

Seit der Aufklärung hat sich in der abendländischen Kultur eine utilitaristische Sicht des Körpers durchgesetzt. Der Körper hat in all seinen Bestandteilen zu funktionieren, er ist in wesentlichen Seinsbezügen in den Dienst der Leistungsgesellschaft gestellt. In den hochentwickelten Industriegesellschaften besteht eine ausgesprochene Pflicht zur Gesundheit. Nicht kerngesund zu sein gefährdet die Karriere und den gesellschaftlichen Status. Die Abweichung von der schönen, fitten Norm wird zum Makel, die über das Ranking des Individuums in der Gesellschaft entscheidet.

---

5 Dieser erkenntnistheoretische Ansatz ist in zweierlei Hinsicht fragwürdig geworden: Erstens, weil aus einem anthropozentristischen Glauben an die Objektivität menschlicher Betrachtung andere, der menschlichen Erfahrung unzugängliche Manifestationen von Bewußtsein ausgeblendet werden. Zweitens, weil er einer Spaltung der Existenz in Geist und Fleisch Vorschub leistet.

6 Ich gehe davon aus, daß das Denken nicht allein im Gehirn stattfindet, daß alle Bestandteile des Körpers zwar nicht mitdenken im eigentlichen Sinn des Austausches elektromagnetischer Impulse, wie sie im Gehirn stattfinden, so doch im Sinne der Ganzheit von Sinnerzeugung. Oder bildhaft: Mag das Gehirn auch den Saiten einer Geige gleichzusetzen sein – den Klang erzeugt der Resonanzkörper. Ein Nachdenken über die eigene Beschaffenheit bleibt daher immer modellhaft.

7 Wie etwa die GesprächspartnerInnen von Gisela von Wysocki in Wysocki 1995.

Zahlreiche Publikationen setzen sich mit dem Körper als einem Gebilde auseinander, das dank der wissenschaftlich technologischen Entwicklung verbessert werden kann, indem man seine Anfälligkeit für Krankheit und Tod zurückdrängt. Spätestens seit der Aufklärung wuchert in unserer Zivilisation die Vorstellung, der Körper wäre im Grunde genommen unserem Geist nicht adäquat. Dem Geist seien faktisch keine Grenzen der Entwicklung gesetzt, wäre da nicht das Fleisch, noch immer träge und anfällig wie das des Neandertalers, das individuell den Tod und kollektiv die Ablöse der Generationen erzwingt. Einige monotheistische Religionen, die ein individuelles Überleben nach dem Tod in Aussicht stellen, haben das Feld für solche Fleisch- und Körperverachtung durch die Zuschreibung der Sündhaftigkeit bestens aufbereitet. Dieser jahrtausendealten Körperverachtung, die in Hexenfolter und Flagellantentum ihren blutigsten Ausdruck fand, ist es zuzuschreiben, daß jeder Diskurs über die Körperlichkeit von Ängsten der Unzulänglichkeit begleitet ist.

Kaum hätte sich der Mann von der Bigotterie des 19. und der faschistischen Triebsteuerung des 20. Jahrhunderts befreien können, trat die Einvernahme durch die Leistungsgesellschaft auf den Plan.[8] Die Freiheit hat nicht zur Natürlichkeit im Umgang mit dem Körper geführt, sondern über die Kommerzialisierung und einen „Zentralismus der Konsumgesellschaft“[9] zu einer neuen Einvernahme, wofür hinsichtlich der Vermarktung von Sexualität Beate Uhse als ein frühes Phänomen unter vielen folgenden angeführt sei.

Offensichtlich haben die Befreiungsbewegungen der 20er und 60er Jahre letztlich dort gesiegt, wo sich aus ihren Anliegen Profit schlagen ließ. Es ist trotzdem nicht zu leugnen, daß das Individuum potentiell heute wesentlich mehr Freiheit genießen kann als in den 50er Jahren, vor allem für die Frauen hat sich enorm viel gebessert. Doch sind die neuen

8 Philippe Ariés weist auf die Allmacht der Natur über den Menschen in Sexualität und Tod und die dagegen errichteten Bastionen hin: Moral und Religion, Stadt, Recht, Ökonomie, Disziplin und Technologie seien Verteidigungssysteme gegen Liebe und Tod, „zwei schwache Punkte, [...] wo immer ein wenig wilde Gewalt durchsickerte“. Die Gesellschaften haben die Sexualität in Verbote eingeschlossen, um „ihren Gebrauch einzuschränken, ihre Macht zu vermindern, ihre Abweichungen zu unterbinden.“ Ariés 1991: 501.

9 Pasolini 1988: 29.

Zwänge komplexer als die alten und die alten noch keineswegs verschwunden: Die neuen Zwänge sind nicht bloß Verbote, die sich ja auch umgehen lassen und zu allen Zeiten umgangen worden sind, sondern Umdeutungen: Der Körper ist ein funktionales Gefüge, das Herz eine Pumpe, die Lunge ein Blasebalg, der Darm ein Verdauungsschlauch, dessen Einzelteile ihre von der Natur vorgesehenen, aber auch ihre gesellschaftlich erwünschten Leistungen zu erbringen haben. Die offensichtlichste Funktion des Schwanzes dabei ist, neben dem natürlich determinierten Vollzug der Zeugung, seine Leistung in einer erfolgreich zu veranstaltenden Sexualität. Erhoben wird die Länge des deutschen Schwanzes, die zwischen sechzehn Zentimetern nach Selbsteinschätzung und dreizehn Zentimetern bei Messungen nach Verabreichung einer Droge im Labor differiert.

Die Beeindruckbarkeit durch „Maßstäbe“ ist individuell unterschiedlich ausgeprägt. Doch kaum ein Mann kann sich ihr entziehen.

Niemand in diesem Buch redet einer a-phallischen Sexualität, Schlagwort „Kuschelsex“, das Wort. Doch scheint es wichtig in diesem Zusammenhang, noch einmal auf den Leistungsanspruch hinzuweisen, der ähnlich wie am Arbeitsplatz im Bett gilt.

Ein Nebeneffekt der Aufklärung war, daß sie die Natur philosophisch und naturwissenschaftlich der Ausbeutung preisgegeben hat. Das Feld dafür haben die jüdisch-christlichen Religionen mit dem Gebot „Macht Euch die Erde untertan“ bereitet. Es war nur konsequent, daß es mit der Perfektionierung der Ausbeutung der Arbeitskraft des Menschen auch zur Ausbeutung des menschlichen Körpers kam. Der Körper wurde zur Leistungsmaschine, der auch die Sexualität unterstellt wurde. „Eine ‚Leistungsgesellschaft‘ verlangt eben Leistung, auch auf sexuellem Gebiet, und wer diese Leistung nicht erbringen kann, muß immer in der Furcht leben, zum Versager abgestempelt zu werden“, schrieb Ernest Borneman 1975.[10] Daher ist es für den Mann riskant, sich selbst so offen und freizügig in Schaufenster zu stellen, in die die Frauen sich schon längt gestellt finden.

10 Borneman 1975: 420 .

Noch nie war der individuelle Körper gesellschaftlich so beansprucht wie heute, noch nie war der individuelle in so hohem Maße gleichzeitig ein kultureller. Gehörte der Körper des christlichen, klerikal dominierten Abendlandes einem einzigen Gott, so gehört er in materialistisch, kapitalistisch dominierten Zivilisationen einer pluralistischen Leistungsgesellschaft. Unterlagen der Bereich der Sexualität und die mit ihr assoziierten Körperteile zuvor dem Gebot der Kasteiung, so unterliegen sie heute den Geboten von Nutzung und Veräußerlichung. Klaus Theweleit spricht von einer „gewaltsam aufrechterhaltenen Religion des Kapitalismus, der Mensch habe unergründliches Geheimnis zu bleiben (was seine Fähigkeiten zur Freiheit betrifft); zur Erforschung freigegeben ist lediglich seine Ausbeutbarkeit".[11]

Jenen, die der Meinung sind, daß ein paar Tabus schon wohl tun und nicht jedes Thema in die Öffentlichkeit gezerrt werden sollte, sei bei allem Verständnis entgegengehalten: Jedes Bild, das man von sich hat, ist kulturell geprägt. Und wie es einen individuellen Schwanz gibt, gibt es auch einen kulturellen. Mag die Empfindung auch individuell sein, so ist sie doch kulturell in der Art, wie empfunden wird. An den kulturellen Schwanz werden Ansprüche hinsichtlich seines Aussehens, seiner Form, seiner Größe, seiner Potenz gestellt. Der individuelle hat vor solchen kulturellen Bildern zu bestehen. Der Schwanz hat bei vielen Männern eine Art Vorhut- und Pionierfunktion. Er hat den Mann an die Leine zu nehmen und ans Ziel zu führen.[12] Wenn er nicht steht, bevor der Mann überhaupt sicher weiß, daß er sexuell aktiv werden will, hängt die Libido bereits auf dem absteigenden Ast.[13] Und es war nicht das Auge des weiblichen Geschlechts, das solche Anforderungen stellte und die Macht besaß, sie zu kulturellen Bildern werden zu lassen, die so schwere Last auf den Schwanz luden, sondern die Männergesellschaft selbst.

---

11 Theweleit 1986: 335.

12 Schon Augustinus (354–430 n.u.Z.) beklagte die eigenwillige Herrschergewalt des Penis, „der sich dem eigenen Willen seines Trägers widersetzt". Zitiert nach Bishop 1996: 65.

13 Ich behaupte nicht, daß diese Aussagen auf den Großteil der Männer zutreffen. Doch ihre Inhalte werden propagiert und sie sind bei vielen Männern pubertär verfestigt.

Der erigierte Phallus ist ein verehrtes Kultsymbol. Er taucht auf in Verbindung mit Jagdszenen in den Höhlen von Lascaux, Frankreich, und Bohuslan, Schweden, und später als ithyphallisches[14] Symbol für den ägyptischen Erntegott Min im 2. Jahrtausend vor Beginn unserer Zeitrechnung. Darstellungen des Gottes Merkur zeigen ihn mit riesigen Phalli, von denen einer seinen Lenden und deren mehrere seinem Kopf entsprin-

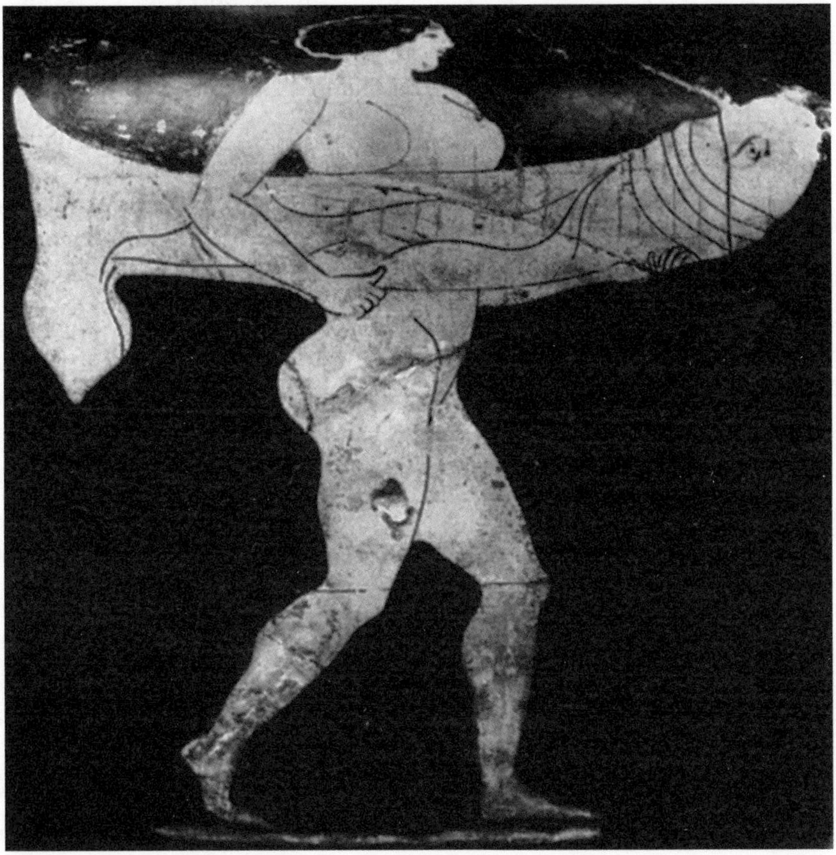

„Griechische Vase" 5. Jhdt. v.u.Z.

14 Ithyphallus: permanent erregter Phallus.

gen. Ein pompejanisches Fresko zeigt den Fruchtbarkeitsgott Priapos, wie er seinen gewaltigen Penis auf einer Waage wiegt. Hetären, die bestbezahlten und angesehensten Prostituierten im antiken Griechenland, trugen zum Fest des Dionysos riesige Phallusmodelle durch die Straßen Athens. Phallische Steinfiguren, sogenannte Dosojin, sollen bis heute japanische Reisfelder vor Eindringlingen und bösen Geistern schützen. Im frühen Judentum galten phallusförmige Steine als heilig.

Eine besonders pittoreske Legende um die Göttlichkeit des Phallus kommt aus Indien: Shiva zog sich zur Askese in den Wald zurück. Seine ithyphallische Gestalt und sein Tanz erregten die Frauen, und sie verliebten sich in ihn. Daraufhin verfluchten ihre Männer, lauter Weise, seinen „linga". Der Phallus Shivas fiel zu Boden, er entfachte ein fürchterliches Feuer und wuchs so unendlich hoch, daß sogar Brahma und Vishnu weder sein Ende noch seinen Anfang sehen konnten. Erst als die Weisen in die Verehrung des Phallus einwilligten, löschte Shiva die Flammen. Sein „linga" ist bis heute eine der in Indien am meisten verehrten Ikonen.[15]

Wie viel an Verklärung, an Mystifikation, an Unsicherheit, an Angst und Leistungsstreß, an Markt und Geschäft am Schwanz hängt, wird auch in den erhitzten Viagra-Diskussionen des Jahres 1998 deutlich. Was die Potenz betrifft, geht alle an. ÄrztInnen melden sich zu Wort, WissenschafterInnen, Priester, PsychologInnen, AnwältInnen, Feministinnen, ja sogar Dominikanermönche. Und es wird so agiert, als käme eine zunehmend schwanzmarode industrielle Gesellschaft durch eine Segnung der Chemie zur Heilung.

Tatsächlich sind die Umwälzungen, im Laufe derer der Schwanz seine belastenden Privilegien verlieren und endlich zu seinem Recht kommen soll, von gewaltigen, zivilisatorischen Dimensionen, die jetzt erst in Bewegung kommen. Mit den Befreiungsversuchen revolutionärer Geister in den 20er und 60er Jahren des zwanzigsten Jahrhundertskam zuerst der steife Phallus zu seinem Recht, aktiv zu werden ohne Schuldgefühle.

15 Bishop 1996: passim.

Eine Emanzipation des Schwanzes kann nur mit einer Befreiung der sexuellen Sphäre, einer Neukonstruktion der Geschlechterverhältnisse in unserer Gesellschaft, ja der Machtverhältnisse insgesamt, einhergehen.

Wir haben den Schwanz zum Ausgangspunkt für ein Nachdenken über Körpermythen, Verklemmungen, Begehren, Lustempfinden, Kunst und aktuelle gesellschaftliche Kategorien gemacht. Dafür war in den Fragestellungen zunächst eine Reduktion des ganzen Körpers und Seins auf ein Detail notwendig. Aber jeder Frage nach einem Teilbereich, wie den Schwanz, folgt ein Nachdenken über das Leben. Womit festgehalten wäre, daß auch in einem Buch dieses Titels das männliche Geschlechtsteil nicht allein für die Sphäre des männlich Sexuellen steht und ihm im Strom der Erotik zwar eine wichtige, doch keineswegs die Führungsrolle eingeräumt wird.

Den Texten, die Sie auf den folgenden Seiten finden, liegen größtenteils mehrstündige Gespräche zugrunde, die zwischen November 1996 und Mai 1998 in Österreich und Deutschland stattgefunden haben. Die Gespräche wurden von mir zu teils längeren Texten zusammengefaßt und den GesprächspartnerInnen zur Korrektur und Freigabe zurückgesandt. Ich möchte allen Beteiligten noch einmal meinen herzlichen Dank ausdrücken, daß sich sich die Zeit dafür genommen haben. Vor allem aber für die Offenheit, den Mut und die Großzügigkeit, mit der sie sich auf dieses schwierige Thema eingelassen haben.

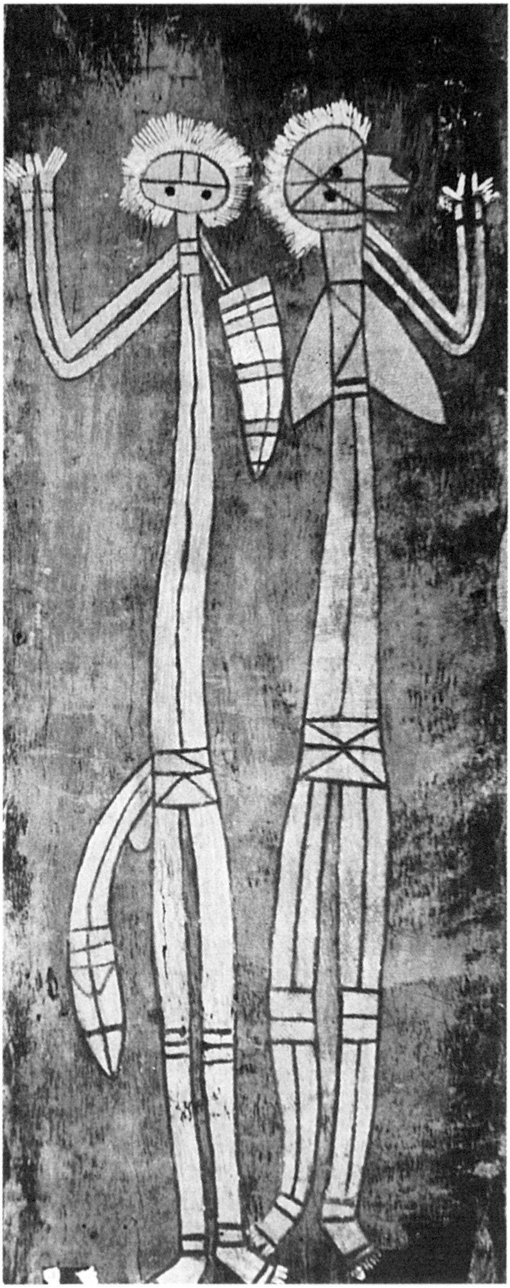

Australisches Geisterpaar

Eine Rose ist eine Rose ist eine Rose ...

Spielerisch reißen wir Geist und Fleisch auseinander, lösen ein Glied aus dem Körper. Wir suchen Namen dafür und finden je nach Aussehen und Situation andere. Dann wühlen wir in den sexuellen Inhalten religiöser Texte und Bilder. Der Schwanz wird zum Objekt der Betrachtung und zum Subjekt eines Dialoges, bevor er im Nebel der Symbole erneut unscharf wird.

Rolf Schwendter

Mir kommt es aus einem Grund komisch vor, ein Buch wie dieses zu machen, weil ich den Penis als ein wichtiges, als ein angenehme Gefühle herstellendes Organ ansehe wie das Auge, das Ohr, den Rückenmarksnerv auch. Die einzelnen Körperteile sind zwar für den Vollzug wichtig, doch ich würde es für einen Fetisch sehen, sie abzutrennen. Ich weiß nicht, ob es sinnvoll wäre, wenn wir über die Rezeption von Malerei sprechen, einen Band über das Auge zu machen, oder bei der Musik einen Band über das Ohr. Da wäre es auch sinnvoller, einen Band über das Hören zu machen.

Ich beziehe mich auf das zweite Kapitel von Freuds „Das Unbehagen in der Kultur": Die Vorstellung, die Gefühle, die dem Menschen angenehm sind, die ihn „glücklich" machen, zu trennen von den jeweils zentral beteiligten Körperteilen, das hat in meiner Empfindung ein bißchen etwas Fleischhauermäßiges.

Auch dieses Buch hätte etwas Fleischhauermäßiges, wenn es sich auf das Organ losgelöst vom Gesamtprozeß der Sexualität bezieht. Aber nicht, wenn es ein Übergangsmoment ist zum Diskurs über Sexualität, der, und hier bin ich in entschiedener Gegenstellung zu Michel Foucault, zu selten

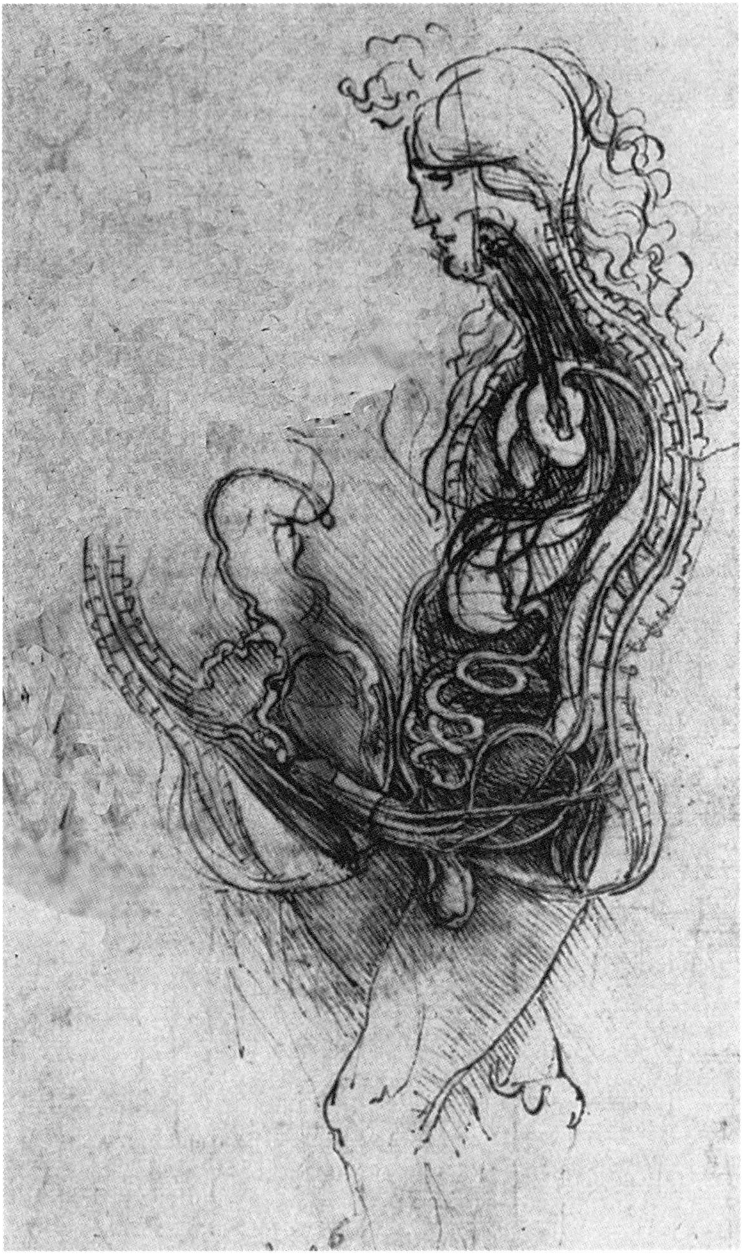

Leonardo da Vinci. Anatomische Studie, etwa 1492–94

stattfindet. Es ist möglich, sich an einen Tisch zu setzen und zu sagen, was hast Du denn heute Mittag gegessen, und wie hat das geschmeckt, und wie war es gewürzt, und was hast du für ein Getränk getrunken, und wie war das Dessert? Es wäre nach wie vor völlig unmöglich, selbst unter guten Freundinnen und Freunden, ein solches Gespräch über Sexualität zu führen.

Franzobel

Ich bin ein sehr kopflastiger Mensch, und für mich erhebt sich immer wieder die Frage, inwieweit dieser Geist mit diesem Körper ident ist. Wie die meisten beschäftige ich mich mit dem Körper immer erst dann, wenn er Probleme zeigt. Es ist eher ein damit leben, ein mit dem Körper leben, als ein Körper sein. Und da ist dieser Penis eben ein Körperbestandteil ohne besondere Bedeutung. Objekt meiner Begierde war er nie, und körperliche Probleme habe ich nie damit gehabt. Für mich ist der Penis eigentlich kein Thema. Er ist ein Ding, das mit herumhängt – auch wenn er zum Hängen nicht lang genug ist. Es ist so, wie über die kleine Zehe zu reden. Nicht ganz! Der Penis wird mehr fetischiert, öfter personifiziert.

Es ist kein großer Tabubruch mehr, über Schwänze zu reden. Es wuchert schon in den Talkshows ein recht unverblümtes Reden über den Penis, über das Danebenpissen und was weiß ich für einen Blödsinn. Ich weiß nur nicht, ob es gut ist. Ich bin ein Verneiner der FKK-Kultur. Ich bejahe das Geheimnis. Es ist wichtig, sich gewisse Privat- und Intimräume zu erhalten. Man muß nicht alle Hosen runterlassen.

Redend hat es andererseits immer einen gewissen Reiz. Ein Schwatz kann wohltun. Ich bin ein Kopflaster. Ich habe die Frage, ob ich zu diesem Gespräch bereit bin, als Anlaß gesehen, über irgendetwas zu reden. Über mich. Man weiß ja nie, worüber man redet. Wenn ich Theaterstücke oder Romane schreibe, dann habe ich auch immer irgendwelche Themen und weiß gar nicht, ob diese Themen relevant sind. Sie sind die Klammern, die man aufmacht, um irgendwas neu zu probieren, irgendwas zu sagen über das Leben und Vergehen. Und dann macht man die Klammer halt irgendwo wieder zu. Mehr sind Themen nicht. Sie sind wie die Überschrift bei einem Schulaufsatz, und dann schreibt man das hinein, was einem wichtig ist, was aus einem heraus muß. Sie sind wie der Sack, in den man die Geschenke füllt. Der Hosen-Hodensack.

Aber das ist dann nur ein Richtungspfeil. Ob der Richtung Möse geht oder Richtung Gott oder Sexualität oder Essen oder Leben, Sterben, Krankheit, Tod, das ist dann zunächst austauschbar, würde ich sagen.

Fritz Ostermayer

Irgendwann in meiner Jugend ist mir aufgegangen, daß ich ein Generaldilettant werden will nach dem Prinzip, alles zu machen, nichts zu können. Wenn man in allem dilettiert, warum nicht auch beim Reden über den Schwanz? Man darf keinen Genierer haben, wenn man Dilettant ist.

Robert Fripp von „King Krimson" wurde zur Zeit des Punk 1977 gefragt, was er als großer Könner auf der Gitarre von diesen ganzen dilettierenden Punkbands hält. Er hat geantwortet, Punk ist das Schönste, was musikalisch passieren konnte. Denn das Öde ist das lange, lange Mittelmaß. Er hat das mit der Geschlechtskunst verglichen, mit der Ars amandi: Wenn ein Bursch oder ein Mädel zum ersten Mal fickt, dann ist das immer aufregend. So ist es auch, wenn jemand zum ersten Mal eine Gitarre in die Hand nimmt, hineindrischt und schreit. Denn es ist neu. Es ist die Eruption des Unbekannten. Danach kommt die lange, lange Durststrecke der kleinständischen Mittelmäßigkeit. Und irgendwann könnte man es dann zur echten Liebeskunst bringen. Und da trifft sich – wie im Kleistschen Aufsatz über das Marionettentheater – die Perfektion Gottes mit der unendlichen Grazie der Gliederpuppe, also das Einfachste mit dem Höchsten, nachdem es „durch ein Unendliches gegangen" ist. Das heißt für unseren Geschlechtsakt: Der höchste Meister erreicht wieder die göttliche Unschuld des Anfängers. Was dazwischen liegt, ist die fade, fade Zeit, in der die meisten wahrscheinlich gerade drinnenstecken.

Als Verheirateter mit zwei Kindern spielt sich im Hirn mehr ab als real. Ich spreche Eltern jede Erotik ab. Eltern haben vielleicht wirklich nur noch Schwanz und Möse.

Ich bin in den 70ern groß geworden, als es noch eine Kultur von Öffentlichkeit und Privatheit gegeben hat, die dann durch Fluxus-Künstler und Menschen wie Yoko Ono aufgehoben wurde, die gesagt haben, es gibt keine Privatheit, alles ist öffentlich, weil alles politisch ist. So pathetisch würde ich das heute nicht mehr sehen. Aber ihre „bed-ins" und ihre „love-ins", die haben mich ziemlich beeindruckt. Die lassen sich beim Schnackseln zusehen, was ist schlimm daran? Was soll also daran schlimm sein, über den Schwanz zu reden? Ich würde aber lieber über Gesichter reden als über Schwänze, weil Gesichter mehr sagen. Der Schwanz sagt ja jetzt nichts. Der Schwanz ist ja nur ein Wurmfortsatz vom Hirn da oben. Ein Fleischlappen. Über Länge des Schwanzes zu reden, interessiert mich nicht. Über Ästhetik des Schwanzes zu reden, interessiert mich nicht. Der Schwanz ist für mich kein besonderer Körperteil. Da habe ich nichts zu sagen. Aber wie der Schwanz mit dem Hirn zusammenhängt, das ist schon interessant. Es gibt für mich aber auch ein Denken der Haut. Insofern würde ich den Schwanz der Haut zurechnen. Es gibt ein Denken in haptischen Begriffen des Aus- und Abgreifens. Aber auch so gesehen ist der Schwanz nichts Besonderes, denn es kann die Berührung eines Menschen, wenn es der richtige ist, mindestens so elektrisieren wie ein nullachtfünfzehn Fick mit dem Schwanz.

Gieb mir statt „Der Schwanz" ein ander Wort o Priapus
Denn ich Deutscher ich bin übel als Dichter geplagt.
Griechisch nennt ich dich „PHALLOS",
das klänge doch prächtig den Ohren.
Und lateinisch ist auch Mentula leidlich ein Wort.
Mentula käme von Mens, der Schwanz ist etwas von hinten,
Und nach hinten war mir niemals ein froher Genuß.
Johann Wolfgang von Goethe[16]

16 Goethe in Kinder 1994: 19f.

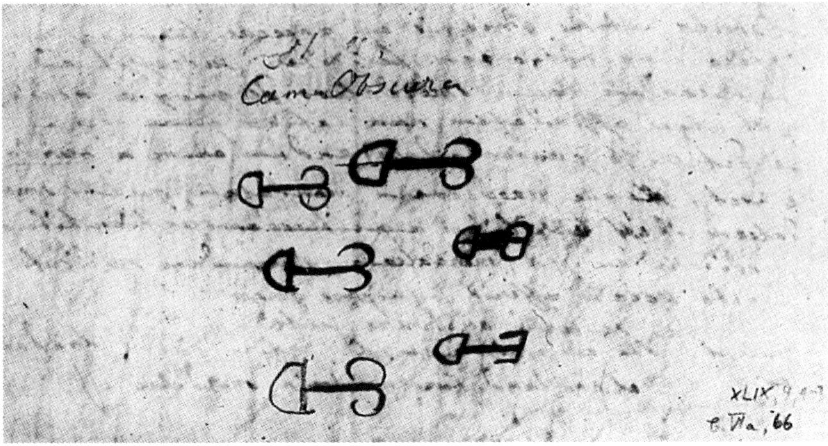

Kritzelei von Goethe: Versuch aus dem Buchstaben D und E Phalli zu formen. Aus: Femmel/Michel 1993.

Rolf Schwendter

Ich spreche in der Tat so gut wie nie vom Schwanz. Und was das weibliche Pendant betrifft, nie von der Möse oder von der Muschi oder ähnlichem.

Wenn von einem Schwanz die Rede ist, denke ich eher an den weichen, buschigen, seidigen Schwanz einer Katze als an das männliche Sexualorgan. Bei Muschi ist es ähnlich. Muschi ist ein häufiger Katzenname. Möglicherweise ist das in einer Metaphernbildung entstanden, daß die Katze hier als Vorbild diente. Obwohl es mir nicht ganz geglückt erscheint. Denn die Katze ist, so viel ich mit diesem Gattungswesen erfahren habe, selten und ungern naß!

Ich selber bin als Intellektueller groß geworden. Ich neige, von Penis und Vagina zu sprechen. Wenn es allerdings um volkstümliche Ausdrücke geht, würde ich als Wiener eher dazu neigen, vom „Beidl“ und von der „Fut“ zu sprechen. Wie das so schön in Graffities in Vorstadtbezirken in meiner Jugend stand: „Fut und Beidl sind Geschwister und der Arsch ist Kriegsminister“. Das wären eher die zwei Formen, mit denen ich aufgewachsen bin.

Es steht schon bei Borneman, daß es für die auf Sexualität bezogenen Organe und Verrichtungen nur entweder medizinische oder als vulgär angesehene Begriffe gibt. Es ist bedauerlich, daß es keine geeigneten Ausdrücke dazwischen gibt. Das liegt an der Tabustruktur, die mit Sexualität überhaupt verbunden ist. Zu einem besonderen Körperteil wurde der Penis nur durch die Tabuisierung gemacht. Das war sicher ein Grund, warum ich mich gerne zu diesem Interview bereit erklärte, weil ich nicht gewillt bin, diese Tabustruktur zu reproduzieren.

Es wären ja irgendwelche pflanzlichen Metaphern oder tierischen Metaphern denkbar. Bei der Tätigkeit haben wir das ja, daß eine tierische Metapher in der Tat vorkommt: das Vögeln. Das soll ja auch das Leichtigkeitsgefühl, das dabei im günstigen Fall entsteht, symbolisieren. In einer Beziehung, die ich einmal erlebte, war von „Wipfel“ und „Nest“ die Rede. Das war mir recht sympathisch. Ansonsten eher provisorisch von „Bachstelze“ oder „Päonie“ [Pfingstrose].

Napoleon Seyfarth

Ich halte den Ausdruck „Schwanz“ für den besten Überbegriff. „Schwanz“ schließt jede Größe und Form mit ein. Vom Mäuseschwanz über das Schweineschwänzchen bis hin zum Dinosaurierschwanz. Gemeinsam ist allen, daß sie aus dem Körper heraustreten. So eine Art vorsichtige Fühlungnahme des Körpers mit der Umwelt.

Außerdem beginnen viele lustvolle Wörter mit S-C-H-W: Schwanz, Schwein, Schwul, Schwengel, Schwank, Schwatz, Schwof [Zechtour], Schwung, Schwippschwager [angeheirateter Schwager]. Spricht man S-C-H-W aus, öffnen sich Mund und Lippen, als wollten sie gleich eine Knackwurst verschlingen.

Der Ausdruck „Schwengel“ erinnert mich an den Schwanz meines Freundes, der beim Ballspielen im Tiergarten zwischen dessen Beinen herumbaumelt. Ding, dong. Außerdem habe ich in meinem Schlafzimmer einen enzianblauen Sarg stehen, der mit einem geflügelten Schweinekopf geziert ist. Eine Kreuzung zwischen Schwein und Engel, ein „Schwengel“ eben.

Wie man über Schwänze spricht, ist weniger eine Frage des Stils als der Situation. Auf der Uni würde ich das Ding nicht als „Schniedelwutz“ bezeichnen und auf einer unserer Sexparties käme mir „Penis“ nicht in den Mund. Zumindest das Wort nicht. Ich glaube auch, daß mein Freund auf die Aufforderung hin „würdest du bitte meinen Penis felattieren“ vor Lachen nicht mehr könnte. „Blas’ mir einen“, ist da der Sache schon dienlicher. Oder: „Willst Du Dir Deine Gurgel von innen massieren lassen, du gieriges, geiles Schluckschwein?“

Auch wenn die allzeit politisch-moralisch Korrekten jetzt aufgeschrien haben mögen: Sexualität ist nunmal aggressiv. „Aggredere“ heißt „herangehen“. Man geht an etwas heran, man geht zur Sache. Und mit der Steigerung der Lust wird das Herangehen intensiver. Aggressiver!

Das hat nichts mit Gewalt im landläufigen Doktor-Lieschen-Müller-Sinn zu tun. Eher damit, sich gegenseitig zu unterwerfen, sich gegenseitig „zur Sau“ zu machen. Jetzt bin ich Schwein, jetzt darf ich´s sein. Und dazu gehören auch akustische Aphrodisiaka in Form „säuischer“, aggressiver f-Wörter wie Fotze, ficken und so weiter, in einem aggressiven Tonfall gesprochen oder besser gegrunzt. Schon die Aussprache des „f“ ist ja wie ein genüßliches Exhalieren von Zigarettenrauch.

Die Satirezeitschrift „Pardon“ hat in den 70er Jahren mal Pornos im Stil verschiedener Epochen abgedruckt. Am hübschesten fand ich einen nachempfundenen Rokoko-Porno. Beim Anblick des männlichen Geschlechtsteils fällt die Frau in Verzückung und sagt: „Ich kann mich nicht sattsehen an der Gestalt des gereckten David.“ Der solchermaßen Ermunterte führt daraufhin den David in die Venusmuschel ein, steigert sich vom Andante bis hin zum Fortissimo Vivacissimo, bis die solchermaßen erfüllte Rokokokokotte mit einem furiosen „Ach, Aphrodite taucht“ aufs Laken niedersinkt. Die Lektüre las sich für mich damals gewiß amüsanter als literarische Elaborate, die zwischen „Mach mir den Hengst“ und „Fick meine geile Fotze“ auf den außenstehenden Leser nur brüllend komisch wirken. So brüllend komisch, daß er nichtmal mehr außen-stehend ist.

Die Pardon-Lektüre hatte mein Interesse für versteckte Erotik in der Literatur geweckt. Sei es Gruppensex in der Goetheschen Walpurgisnacht – „Der ganze Strudel strebt nach oben; Du glaubst zu schieben und du wirst geschoben“ – oder das schwule Coming-out von Mephisto in Faust II, der angesichts der Engel sinniert: „Auch könntet ihr anständignackter gehen, das lange Faltenhemd ist übersittlich – sie wenden sich – von hinten anzusehen! Die Racker sind doch gar zu appetitlich“.

Eine Fundgrube gar nicht so versteckter Erotik ist mein Liebling Heinrich Heine, der seine späte Impotenz wunderbar in Worte gefaßt hat: „Die Lotosblume erschließet ihr Kelchlein im Mondenlicht. Doch statt des befruchtenden Lebens erhält sie nur ein Gedicht“.

Auch die in meiner Kindheit auswendig gelernten Kirchenlieder erscheinen mir heute in einem anderen Licht. Welches verdorbene Schwein denkt sich bei: „Macht hoch die Tür, die Tor’ macht weit, es kommt der Herr der Herrlichkeit“ nicht an das präorgastische Öffnen der, nennen wir es mal medizinisch, Rundmuskulatur? Auch bei „Dich will ich lieben sehr. In Freude und in Schmerzen. Je länger mehr und mehr“, assoziiere ich, als Katholik mit wollüstigem Leib und ohne bigotte Seele, mehr und mehr den gereckten Davidsstab, der die allzeit bereite Tochter Zion erfreuen will. Vielleicht kommt der stark sexuelle Beigeschmack vieler Kirchenlieder daher, daß die frommen Textdichter gezwungen waren, ihre unausgelebte Sexualität auf diese Art und Weise zu sublimieren.

Selbst die Bibel läßt sich auch mit anderen Augen lesen. Unser Religionslehrer hat uns immer dadurch traktiert, daß der die angeblichen Gebote der Sittlichkeit mit Bibelzitaten belegte. Ich habe mir später die Mühe gemacht, im Sinne der Gebote meiner Unsittlichkeit die Bibel nach Zitaten zu durchforsten. Und siehe da – selbst für inzischen, außer vielleicht im Bayrischen Wald, gängig gewordene Sexualpraktiken, wie manuelle vaginale oder anale Penetration, vulgo auch „Faustfick“ genannt, läßt sich eine passende Bibelstelle finden: „Freut Euch IN dem Herrn. Alle Wege freut euch!“ Nachzuschlagen unter Philipper 4/4.

Sinniger- und sinnlicherweise ist der letzte Abschnitt der Bibel auch mit „Der Herr kommt“ übertitelt, und der vorletzte Satz lautet: „Ja, ich komme bald. Ja komm, Herr.“ Das wäre ein guter Untertitel für einen schwulen Porno. In der Offenbarung 9/8 ist von Männern mit Weiberhaaren die Rede, die in eiserne Panzer gekleidet sind und skorpionengleiche Schwänze haben. „Und in ihren Schwänzen war die Macht, Schaden zu tun den Menschen fünf Monate lang“. Kann man dabei nicht auch an die schwule Lederszene denken und an AIDS?

Denken wir an den Heiligen Sebastian, der für mich der Schutzpatron der Schwulen ist. Er soll ja zu Lebzeiten der Lustknabe irgendeines römischen Kaisers gewesen sein. Die Sebastiandarstellungen sind eine wahre Orgie an Abbildungen männlicher Erotik. Sebastian an einen Baumstamm, einen Riesenschwanz, gefesselt, von vielen Pfeilen, spitzen Schwänzen durchbohrt. Welche Metapher für lustvolles Leiden und Leiden an der Lust. Sinnigerweise habe ich eine der geilsten, oder sagen wir besser, eine der brünstigsten Sebastiandarstellungen in der Kirche eines Frauenklosters in Regensburg gesehen. Was sich die Nonnen im Lauf der Jahrhunderte wohl so gedacht haben, wenn sie vor dem nackten Adonis meditierten?

Vielleicht dachten sie an den Verbleib der Vorhaut Jesu. Der Vorhautkult war ja eines der kuriosesten Dinge in der an Kuriositäten nicht gerade armen Geschichte der römischen Kirche. Kluge Scholastiker stritten sich im 12. Jahrhundert über das Dogma von der leiblichen Auferstehung und die Frage: Wie kommt ein Armamputierter in den Himmel? Ein oder zweiarmig? Man entschied sich dafür, daß die Christenmenschen vollständig geflickt an der Ewigkeit teilhaben dürfen. Das warf natürlich die weitere Frage auf, wo denn die Vorhaut Christi geblieben sei. Denn der war ja nach jüdischem Ritual beschnitten worden.

Einer österreichischen Nonne namens Agnes Blannbekin lag im 18. Jahrhundert die Lösung buchstäblich auf der Zunge. Als sie einmal nach dem Empfang der Hostie diese hinunterschlucken wollte, hüpfte die heilige Oblate immer wieder aus ihrer Speiseröhre in den Mund zurück. Die fromme Frau bekam darauf eine mystische Verzückung und ihr wurde gewahr, daß sie die Vorhaut Christi im Mund hatte. So haben wir der Agnes Blannbekin zu verdanken, daß es, neben dem Herzjesu- und Kreuzesnagelkult, auch noch den Vorhautkult gibt. Wobei die Schwester Agnes dabei in Konkurrenz trat zur heiligen Katharina von Siena, die ja die Vorhaut Christi als Verlobungsring unsichtbar am Finger zu tragen glaubte.

Colin: „Du bist doch nur ein Phantast und viel zu stolz! Du stehst nicht mit den Füßen auf dem Boden wie ich!“
Marquis: „Du armer Dummkopf! Du hast ja nicht einmal Füße!“
Colin: „Doch! Deine! Dein ganzer Körper gehört mir!“
Marquis: „Und was noch?“
Colin: „Deine fünf Sinne. Wenn ich will, können sie mir ebenso gehorchen wie dir.“
Marquis: „Ha! Für wen hält er sich nur, der Kleine?“
Colin: „Hör auf, nenne mich nicht Kleiner, ja! Du bist hier nicht der Chef! Wenn ich will, verlierst du den Kopf!“
Marquis: „Ohne meine Vorstellungskraft? Deine Empfindungen wären so fade wie ein Traum von Jean Jacques Rousseau.“
Colin: „Selbst deine Vorstellungskraft wird von mir und keinem anderen bestimmt.“
Marquis: „Das wäre erst noch zu beweisen!“
Topor/Xhonneux[17]

Manfred Chobot

Mit dem Begriff „Schwanz“ kann ich leben. Oder mit „Nudel“. Wenn ich mich über jemanden ärgere, sage ich: das ist ein „Beidl“. Pars pro toto. Was ich noch ganz gern hab, ist „Zumpferl“. Das ist zwar ein wenig despektierlich, doch mit einer positiven Notation. Ein Zumpferl ist eher klein und schrumpelig. Es ist überaus selten erigiert. Oder es erigiert

17 Topor/Xhonneux 1989. Der Marquis (de Sade) steht in dem französichen Film für Intellekt und Poesie und Colin (der Schwanz) für den Trieb.

höchst mühevoll und schaut sogar im erigierten Zustand irgendwie lächerlich aus. Das Zumpferl nimmt man nicht ganz ernst, es ist die Karikatur des Schwanzes, während ein Schwanz ein stattliches Organ ist.

Für die einen hat Er[18] eine gewaltige Bedeutung, von den anderen wird so getan, als wäre Er nicht präsent. Er ist schon ein sehr vorbelasteter Körperteil. In der Hierarchie meiner Körperteile steht Er jedenfalls ziemlich hoch oben. Hände finde ich auch ganz wichtig. Vielleicht Hirn-Hände-Schwanz oder Hirn-Schwanz-Hände.

Erotischer Kupferstich aus „Thérèse Philosophe", 1783

18 Großschreibung auf Wunsch des Gesprächspartners.

Der Schwanz ist wichtig für meine Identität, weil Er ein wesentlicher Teil meines Selbstverständnisses als Mann ist. Ohne Schwanz wäre ich nicht der, der ich bin. Ich weiß nicht, was ich dann wäre. Insofern ist der Schwanz ein sehr bestimmender Körperteil, der mich und meine ganze Existenz definiert.

Er führt oft ein Eigenleben. Das besteht darin, daß Er manchmal nicht mit mir konform geht. Wenn ich arbeiten will, will Er pudern. Das ist mitunter sehr störend. Ich bin überzeugt, daß der Mann auch irgendwelche Zyklen hat. Allerdings weiß ich nicht, wie die funktionieren und woher sie kommen. Ich habe schon sehr oft versucht, das herauszufinden. Unter Zyklen meine ich, daß ich einmal die Urgeilheit habe und ein anderes Mal geht es mir überhaupt nicht ab, wenn nicht geschnackselt wird. Und dann habe ich wieder einmal den ganzen Tag über nichts anderes im Schädel. Ich bin noch nicht dahinter gekommen, nach welchen Kriterien das abläuft. Ich müßte mir vielleicht einmal aufschreiben, welche Tage so sind und welche anders. Vielleicht hängt das mit den Mondphasen zusammen.

Aber natürlich funktioniert der Schwanz nur über das Gehirn. Du kannst über das Gehirn deinen Schwanz abwürgen. Du kannst Ihn schlafen legen. Du kannst Ihn auch ignorieren, zum reinen Pißorgan verkommen lassen. Du kannst Ihn beleben. Indem du dich mit dem Schwanz beschäftigst, indem du dir seiner Präsenz bewußt bist und dich mit Ihm und der Muschi beschäftigst, wird Er sehr gegenwärtig. Man kann auch sagen allgegenwärtig.

Manchmal möchte Er die Kontrolle über mich übernehmen. Das schaut so aus, daß Er keine Ruhe gibt, daß Er mich dauernd belästigt, daß Er mich vom Arbeiten abhält und mir gewisse Dinge aufdrängt. Es passiert manchmal, daß der Teufel die ganze Zeit steht und keine Ruh gibt! Das gibt´s! Es muß irgendeine Art von Sitzen geben, im Auto oder im Flieger, du sitzt eingekeilt und es drückt etwas dagegen, und Er steht dauernd. Du sitzt im Flieger und denkst dir, was tu ich jetzt mit dem blöden Schwanz? Dabei willst du gar nicht wichsen gehen, sondern einfach dasitzen oder dösen. Das darf man nicht dulden. Man muß Ihm schon zeigen, wer der Chef im Haus ist und wo der Bartel den Most herholt.

Wenn ich sage, ich dominiere Ihn, dann stimmt das vielleicht auch wieder nicht. Das sind so Beziehungseinschätzungen, die völlig falsch liegen. Manchmal habe ich den Verdacht, daß Er mich ganz schön herumkommandiert, herumschikaniert und mit mir macht, was Er will. Wenn ich mir denke, was ich oft für einen Blödsinn mache nur des Schwanzes willen! Laß mich auf irgendwas ein, und dann denk ich mir, so ein Mist! Und wozu das Ganze? Er ist schon irgendwie ein selbständiger Begleiter. Einer, der ganz schön dominant sein kann. Manchmal präpotent.

Wenn ich mich mit Ihm unterhalten könnte, würde ich Ihm gewisse Dinge erklären. Einiges wird Er ja wohl wissen, Er ist ja präsent. Keineswegs taucht Er aus dem Nichts auf, aber vermutlich reflektiert Er nicht. In dieser Hinsicht ist Er ein dummer Hund. Ich würde Ihm ein paar Zusammenhänge erklären, die Er wahrscheinlich nicht durchblickt. Etwa: Welche Symbolik Er hat. Vielleicht würde ich Ihm einen Spiegel vorhalten und sagen, schau hinein, Alter, hast du dich schon jemals angeschaut? Na, was sagst du jetzt? Er sagt darauf, aha, ich habe mir mich selbst gar nicht so leiwand vorgestellt. Er kann sagen, klass! Er könnte sich irrsinnig deppert in Pose stellen, worauf ich sage, geh, Alter, übertreibe nicht, du brauchst jetzt keine Show abzuziehen. Zu Eitelkeit und Narzißmus könnte Er schon tendieren. Und bezüglich unserer gemeinsamen Geschichte würde ich Ihm sagen, daß wir ganz gut miteinander ausgekommen sind. Vielleicht würde Er sich bei mir sogar bedanken für die gute Führung? Und wenn nicht, dann kriegt Er eine auf die Nuß. Oder auf die Eichel.

Ich erwarte mir von Ihm schon Zufriedenheit. Denn ich bin ja auch nicht unzufrieden mit Ihm. Abgesehen davon, daß Er mich manchmal tyrannisiert und mir irgendwelche Dinge einbrockt. Diesbezüglich würde ich Ihn zu mehr Vernunft ermahnen, sagen, daß Er das Animalische ein bisserl reduzieren oder es zumindest vorher mit mir absprechen soll. Wir könnten uns dann bestimmte Dinge ausschnapsen. Besprechen, ob wir das machen, ob wir jenes durchziehen oder nicht. Er würde mich wahrscheinlich auch rügen. Du führst dich wieder auf, lähmend! Hetzt mich da herum! Nur deinetwegen kann ich mich herumstressen, statt daß du mich einmal in Ruhe läßt!

Reisig, steif, vom Blutandrang geschwellt, wie ein einsamer Baum in einer Ebene unter einem tiefen, heißen Himmel erhebt er sich fast senkrecht von meinem Leib und wölbt das Laken. Ein starrsinniges, gemeines, hinterhältiges Individuum!
Alberto Moravia[19]

Franz M.

Der Schwanz ist ein Zwischending von Glied und Organ. Er ist nach außen gerichtet wie ein Glied, aber durch den Willen, anders als ein Arm oder ein Bein, nicht steuerbar, sondern bloß reizbar. Andererseits reagiert er teilweise wie ein unwillkürlicher Muskel.

Was ich jetzt sage, ist nicht ganz ernst zu nehmen, aber als Gedankenspiel finde ich es schon zulässig: Er ist ein Körperteil, der sehr stark nach außen geht, ein freier Spieler. Er ist ein Schauspieler, der dann, wenn er kein Engagement hat, völlig verkümmert und nebensächlich ist, und dann, wenn der Vorhang für ihn wieder aufgeht, sich unheimlich wichtig macht. Manchmal spielt er triefende Charakterrollen und ein anderes Mal ist er der reine Scherzbold, ein Schelm. Er ist witzig, er treibt Schabernack, oder er gibt sich heroisch. Beide Rollen stehen ihm sehr gut. Als Dramatiker überschätzt er sich maßlos, aber als Komödiant hat er ein heiter-ironisches Selbstbild. Der Komödiant ist mir insgesamt lieber.

Er kann auch aufdringlich sein. Dann fordert er mehr, als ihm eigentlich zustünde, wenn er sich plötzlich und unerwartet meldet und von einer völlig untergeordneten Rolle zur Hauptrolle strebt. Er ist gewitzt und stellt, um sein Ziel zu erreichen, die ganze Person, die an ihm hängt, in seinen Dienst.

Meistens ist er ein friedlicher, kreativer Mitspieler. Leider sehen ihn viele Männer als einen Soldaten. Der Schwanz ist kein Spieß, keine Kanone, keine Rakete. Jeder, der ihn dazu macht, vergewaltigt sich selber.

---

19 Moravia 1994: 8.

Grabwächter mit gezücktem Gliede bin ich Gott
Priapus. Bin des Lebens und des Todes Hort.
Carmina Priapea[20]

Dietmar Brehm

Der Schwanz ist schon eine ziemlich ungeheure, eine unheimliche Sache für mich.

Der Schwanz ist im gewissen Sinn mit dem Tod gleichzusetzen, mit der Todesläufigkeit, da er im radikalsten Sinn eine Leichenpumpe ist. Primär ist er natürlich ein Lustobjekt. Aber er ist auch eine Leichenpumpe, in dem Sinn, daß er auch Todesspender ist. Alles, was lebendig ist, ist zugleich im Verwesungsbereich, alles was lebendig wird, ist wieder im Auslöschungsverfahren.

Einer der Kernsätze der Schopenhauerischen Philosophie ist, daß Tote und Ungeborene im Vorteil gegenüber den Lebenden sind. Das ist ein sehr radikaler Gedanke und eine philosophische Ungeheuerlichkeit ersten Ranges, da er dem Lebenden den Wert an sich abspricht. Aber in letzter Konsequenz ist die Geschichte ja wirklich so. Wenn man genau schaut, sich genau betrachtet, in sich hineinhört, oder wenn man Leute beobachtet, dann wird dabei immer wieder der Faktor ansichtig, daß wir schon als Lebendige Verwesende sind. Die Zeit durchlöchert einen, die Sekunden durchlöchern einen, die „Sekundenfalle" ist der Löcherungsmechanismus der Zeit, die einen letztendlich wieder auflöst. Und das alles geht vom Schwanz aus.

Davon handeln auch meine Filme. Sie sind keine vordergründig vom Schwanz besetzten Filme, daß der Schwanz als zentrales Begierdenobjekt in der Mitte stehen würde. Ich mache keine pornographischen Filme. Sonst hätte ich sie auch nie so ausgedehnt im Fernsehen[21] zeigen können.

20 Kytzler (Hrsg.) 1978: 97.
21 „Dietmar Brehm – Blickzwang", 7-stündige Filmnacht im ORF und auf 3 SAT, 1996 bzw. 1997.

Obwohl ziemlich radikale Deutlichkeiten enthalten sind, wie man sie normalerweise im öffentlich rechtlichen Fernsehen nicht sieht. Aber sie konnten aus dem Grunde gezeigt werden, da immer wieder Gegenbilder, zum Beispiel zu einem erigierten Schwanz, zu sehen sind. Man sieht eine Zeichenhaftigkeit der Todessymbolik. Das ist bei mir ein ziemlich programmierter Vorgang.

Was ich bisher gesagt habe, ist kein theoretisches Übergebäude für meine Arbeit. Mein Empfindungsgebäude ist so gestaltet. Meine ganze Arbeit ist eine Auseinandersetzung mit der Todesläufigkeit, sie ist der Versuch einer Zeitanhaltung. Wir sind nur ganz kurze Zeit lebendig und erlöschen wieder. Die Erde kann man als einen kugelrunden Weltsarg betrachten. Die 70 Jahre, die wir vielleicht lebendig sind, die sind ja nichts zu den Zeitdimensionen, die man sich vorstellen kann. Wir haben sogar einen Begriff, „Unendlichkeit", von dem wir uns kein Bild machen können. Wir können „Unendlichkeit" sagen, aber wir können uns nichts darunter vorstellen! Wir sind eingekreist und uns selber unheimlich dabei. Und der Schwanz ist da, daß wir uns immer wieder neu erzeugend weitergeben. Absurd.

Ich bin zwar verheiratet, aber es war immer ein Faktor, daß wir uns nicht vermehren wollen.

All das heißt aber nicht, daß ich frustriert, deprimiert und düster bin. Wovon ich rede, ist eine Faktizität, der gegenüber ich mich nicht verschließe. Auf meine Haltung gegenüber meinem Schwanz hat das praktisch keinen Einfluß. Im Grunde genommen registriere ich den Schwanz gar nicht. Er ist halt da, und manchmal denke ich mir, ein starker Ständer ist doch eine ganz gute Sache. Oder ein Hängeschwanz ist auch ganz schön. Am Interessantesten ist der Halbsteife. Er ist ein Spannungspunkt. Was wird? Reißt es ihn hoch, oder klappt er wieder zusammen? Ein Halbsteifer ist eine Herausforderung. Aber jetzt nicht nur als Schwanz gesehen, sondern auch übertragen auf das Gehirn. Auch das Gehirn kann halbsteif sein. Und ganz steif oder hängend. Einen Film zu beginnen, hat etwas damit zu tun, einen Halbsteifen zu haben. Wenn der Film gut wird, ist er ein Steifer, und wenn er nicht gut ist, ein Hänger.

Andererseits kann auch das Nichts, der Hänger, also der Normalzustand, etwas sein, das ein Perpetuum mobile in Gang setzt, sodaß wieder etwas von vorne beginnt. Eine Vakanz der Unbestimmtheit ist für meine Arbeitsfindung immer interessant. In dem Sinn könnte man als Metapher festhalten, daß der Halbsteife eine der interessantesten Schwanzsituationen ist. Aber das Bewußtsein vom Todesspender ist trotzdem ständig da!

Der Mann [...] ist grausig beschaffen und trägt sein schlumpumpenartiges Geschlechtszeichen wie ein Verbrecher voran.
Helene v. Druskowitz[22]

Erwin Puls

Der Phallos gilt als Gewalttäter, die Vulva als Beschmutzerin. Für Frauen gibt es deshalb in verschiedenen Kulturen und Religionen Tabus und rigide Verhaltensnormen. Die Regelblutung kommt vom Satan, und während dieser Zeit ist Frauen in diesen Gegenden sogar das Betreten der Küche verboten.

Der Phallos ist ein Machtinstrument, das allerdings nicht mehr zustandebringt, als ein Kind zu pflanzen, dessen Vaterschaft doch nicht gesichert ist. So ist die Macht gepaart mit Hilflosigkeit! Diese Melange aus Macht und Ohnmacht ist immer etwas, das potentiell Gewalttätigkeiten produziert. Gleichzeitig verspricht der Machtgeile Schutz den Machtlosen. Macht hat ja den immensen Vorteil, daß die Schutzbedürftigen dem Mächtigen zulaufen. Das ist ja das Schöne an der Macht. Das ist nun einmal so! Das Problem des Mächtigen ist es jedoch, daß er irgendwann seiner Macht verlustig gehen kann, daß er impotent wird, und von denen, die er in dieser patriarchalischen Gesellschaft schützen soll, auch aufgefressen werden kann. Eine Frau kann immer Potenz imitieren, auch wenn sie

22 Druskowitz (1856–1918) 1988: 35.

gar kein Interesse hat. Das kann ein Mann nicht. Sein Machtszepter gehorcht nur so lange, wie die Physis gehorcht oder der Konkurs noch in weiter Ferne ist.

Nicht umsonst haben Könige ein Szepter aus Gold. Das ist viel leichter zu handhaben als dauernd einen erigierten Schwanz vorzuweisen.

Ich habe von afrikanische Kulturen gehört, bei denen der Penis, damit er eine Dauererektion vortäuscht, in ein Antilopenhorn gebunden wird. Wir Europäer brauchen uns aber nur die Renaissancekunst anschauen: die abgebildeten Männer trugen ihr Geschlecht großmächtig ausgestopft in einem mit Signalfarben versehenen Beutel stolz vor sich her. Ähnlich wie die Mädel in den 50er Jahren ihre Brüstchen mit Schaumgummi zu spitzen Busen ausgestopft haben. Damals in der Renaissance haben die Männer gezeigt, welches „Gemächte" sie gerne vorzuweisen hätten! Den Bauern jedoch war es nicht erlaubt, ihr Genital so groß und bunt zu präsentieren. Ihre Hosen sind in braunem Grau gehalten und sie durften keinen knallig roten Latz tragen.

Das Degentragen war auch so ein hintergründiger Wink.

Heute hat wohl das Auto diese Symbolkraft. Sportautos gleichen Superschwänzen, die ungeniert durch die Straßen gefahren werden. Je schneller und schlanker, desto roter. Wenn ich mit einem Porsche vorführe, dann hätte ich viel mehr Girls zur Auswahl, als wenn ich mit meinem blöden Fahrrad daherkäme. Schnelle Sportwagen, dicke Bankkonten, das sind verstandene Andeutungen von Herrschaft, die es dem jeweiligen Besitzer etwas leichter machen, den Aufriß erfolgreich zu gestalten. Das hat was mit unserer Konsumkultur zu tun, der einzelne hat nicht die Möglichkeit, seine Potenz direkt mit ein paar billigen, bunten Stoffresten nach außen zu projizieren, sondern er hat seine mickrige Potenz über den Umweg des Profits der Autoindustrie auszudrücken – das sichert Arbeitsplätze. Der materielle Besitz wird zur Potenzzinke, die aus vielen Gründen gewünscht und geglaubt wird, sonst würde dieser Mechanismus, sich grenzenlos zu bereichern, gar nicht funktionieren.

Ein ehrlicher Casanova würde heute keinen Stand mehr haben: Einer, der nur mit seinem immer bereiten Schwengel und seinem guten Ruf als potenter Mann durch Europa fährt, einen solchen Prachtkerl halte ich für unauffällig! Heute gilt einer als vermögend, wenn er an der Börse erfolgreich spekuliert. Es ist ja auch weniger blamabel, seinen Schwengel nicht zeigen zu müssen.

Die Krümmung der Banane

Wie ließe sich die natürliche Form beschreiben, die mal bewundert wird, doch meist unbeachtet bleibt? Er, der Zweigestaltige, lädt zu Vergleichen ein – je nach Funktion und Erscheinungsbild verschiedenen. Schließlich stellt sich doch die Frage: Ist er schön? Der Appell, das Kreatürliche zu schätzen, ist gut gemeint, doch entkommen wir nicht den inhalierten Kategorien. Und tut das, was äußerlich entzückt, auch so gut, um es lieben zu können?

Etwas Seltsames hängt dem Mann zwischen den Beinen
Unter seiner Kleidung. Es ist vorn gespalten,
Ist steif und hart, hat einen guten festen Platz.
Wenn der Mann seine Kleidung aufmacht
Über dem Knie, wünscht das Ding zu besuchen
Mit dem Kopf des herunterhängenden Werkzeugs das bekannte Loch,
Das es, wenn es hineinpaßt, schon oft vorher gefüllt hat.
Auflösung: der Schlüssel.[23]

Georg-Philipp

Einen Schwanz zu beschreiben, da muß man sehr genau fragen, in welchem Zustand?

Als ich zum ersten Mal in eine öffentliche Sauna gegangen bin, da hatte ich Angst, daß mein Schwanz sehr groß und schön und steif wird. Und obwohl mich diese ganzen Brüste ringsum irgendwie bedrängt haben, es war in diesem türkischen Bad nämlich sehr eng, da ist er so klein gewor-

23 „Codex Exoniensis" in Deschner ²1998: 362. Das „Exeter Buch" ist eine Sammlung angelsächsischer Lyrik, die um 975 aufgezeichnet wurde.

den von der bösen Hitze! Viel kleiner als im Alltagsgebrauch. Ich habe mich unglaublich geschämt und mir gesagt, lieber einen Steifen haben, als ganz ganz klein zu werden.

Was bedeutet es dagegen, einen langen Schwanz zu haben? Da hat mir mein Vater auch wieder etwas abgekappt, nur man glaubt seinen Vätern natürlich auch nicht alles, daß die Breite wichtiger wäre als die Länge. Gut, ich habe meinen Vater immer nackt herumlaufen sehen, aber die Vergleichsmöglichkeiten gibt es dann doch eher über Pornofilme oder Heftchen, und da denkt man sich immer irgendwo, das sind halt Sonderfälle. Was die da für Mengen an Sperma verspritzen, das ist auch irgendwo nicht ganz sauber.

Man hat, wenn er klein ist, gar nicht so viel zu beschreiben. Ich habe ihn sehr gern. Er ist sehr weich, sehr einfühlsam. Krümelig! Der Schwanz selber hat die Farbe der Oberseite meiner Hand, vielleicht sogar etwas dunkler noch. Ich finde, daß er sich sehr gut einfügt, auch farblich, in den Rest meines Körpers. Ich bin an sich ein schlanker Mensch, habe aber schon einen kleinen Bierbauch, aber irgendwie paßt er zu meinem Körper. Er ist kein Fremdkörper, der irgendwie absticht.

Rohrartig ist ein Begriff, der völlig falsch wäre, denn da denkt man an Wasserleitungen, an etwas Verrostetes. Wenn er nicht steif ist, ist er unglaublich klein und ganz leicht. So flapsig. Er ist gar nicht richtig da, es kümmert ihn nichts, und es stört ihn nichts. Er ist zufrieden.

Ich kann ihn nicht als Architektur beschreiben. Ich kann ihn eigentlich nur beschreiben, indem ich ihm Charaktereigenschaften zuspreche oder abspreche. Er ist im wahrsten Sinn des Wortes selbstzufrieden, wenn er nicht steif ist. Wenn er steif ist, dann setzt er sich ja auch der Kritik der anderen aus. Ich wäre gern Schauspieler geworden. Da kommt man in die Situation, daß man eine Bühne betritt und sich aussetzen will. Insofern habe ich keine Probleme damit, daß mein Schwanz sich präsentiert. Auch vor mir nicht. Wenn er sich präsentiert, dann ist er schon sehr kräftig und liegt sehr geschmeidig in der Hand. Daneben sind wie zwei so alte Tanten die Hodensäcke. Und der Schwanz ist irgendein Neffe, der sich durch die Erektion auch frei macht von diesen Tanten.

Da, wo ich herkomme, sagt man „alte Gluckere", das sind jungfräuliche alte Tanten, Hennen, die auf ihren Eiern sitzenbleiben. Irgendwie sind diese Hoden so pausbäckig. Schlaffbäckig irgendwie, weil sie nicht rund sind, sondern eben eierförmig. Die haben so etwas Hängendes und die werden letztlich mit einbezogen und bedingt dann auch gestreichelt. Jedenfalls sind sie nicht die Hauptdarsteller.

Natürlich ist man sehr dankbar, daß sie ihren Saft liefern. Aber sie haben schon etwas von alten Tanten!

Der Schwanz ist dagegen jünger. Er ist frecher, ein Stürmer und Dränger, der sich ein bißchen loslösen will. Ich stelle mir vor, um bei diesem Bild zu bleiben, daß er sich auch aus seiner Erziehung lösen will. Man wird schon sehr selbständig, wenn man einen steifen Schwanz hat. Das glaube ich schon!

Obwohl man ja im höchsten Sinne auch abhängig wird dadurch. Vielleicht eine Möglichkeit, ein Mal bewußt abhängig zu sein, nicht sich immer fragen müssen, bin ich da in etwas hineingeraten, in Gefahr, mich zu irgendwas verleiten zu lassen oder so. Wenn der Schwanz steif ist, stellt man sich nicht die Frage, ja, warum bist du jetzt steif, weil dann ist er einfach steif. Natürlich braucht er dann anderes und andere. Aber das gibt er auch offen zu, daß er andere braucht. Und das ist die angenehme Abhängigkeit, die konkrete Abhängigkeit.

Dies war ein Schwanz, selbstverständlich, aber ich vergegenwärtigte mir, daß dasselbe Wort wesentlich armseligere Dinge bezeichnete als jenen wunderbaren violetten Zylinder, der sich in ein feuchtes Futteral aus feuchter Haut schmiegte und mir das Bild einer wütenden, sich streckenden Cobra vermittelte. Ich konnte den Blick nicht von diesem Wunder wenden, von dem Mysterium, das in dem Maße wuchs wie es sich enthüllte.
Almudena Grandes[24]

24 Grandes 1996: S 175f.

Manfred Chobot

Müßte ich einem Außerirdischen erklären, was ein Schwanz ist, dann wäre allererst zu sagen, wo der Schwanz sitzt. Daß Er ein Körperteil ist, der den Mann betrifft. Das ist wichtig! Daß sich über den Schwanz die Männlichkeit definiert. Ich würde Ihm sagen, daß dieser Schwanz bestimmte Verhaltensmuster hat, bestimmte Möglichkeiten und Zwänge. Daß Er länglich und rund ist.

Ich war jetzt am Meer. Da habe ich Seegurken gesehen. Die sehen aus wie Schwänze, wie ein halbsteifer Schwanz. Ganz komisch. Die liegen am Grund und biegen sich und drehen sich. Aber wenn jemand Seegurken nicht kennt und Schwänze nicht kennt, dann ist die Erklärung schon schwieriger. Dann würde ich Richtung Knackwurst ... kennt ein Außerirdischer auch nicht. So ein Zwischending von Frankfurter und Knackwurst, eine Frankfurter ist zu dünn. Würde man eine Knackwurst mit einer Frankfurter kreuzen, dann käme ein anständiger Schwanz heraus.

Vorne ist die Eichel, ein ganz variantenreiches Gebilde, das aussehen kann wie ein Schwammerl. Aber ein Schwammerl ist auch nicht das, wie man sich das Ideal eines Schwanzes vorstellt. Der ideale Schwanz ist ... Ich kann nicht sagen, so wie meiner, das wäre zu überheblich. Einem Außerirdischen würde ich Ihn einfach zeigen, schau her Alter, so schaut das aus.

Rolf Schwendter

Mir ging es in einer Hinsicht so ähnlich wie DDR-Bürgern: Ich aß meine erste Banane, als ich 15 war. Und ich fragte meine Mutter immer, wie Bananen schmecken. Und sie versuchte es mir zu beschreiben. Das glückte nicht, und als ich zum ersten Mal eine Banane aß, verstand ich, wieso.

Ähnlich stelle ich mir die Schwierigkeit vor, einem Außerirdischen zu erklären, was ein Penis ist. Ich würde sicher behelfsmäßig agieren mit einem am Bauch anhängenden, walzenförmigen Fleischteil in zwei Aggregatzuständen und müßte dann selbstredend noch gesondert auf die

Funktion der Eichel eingehen, daß an der Spitze ein sehr nervenreicher, sehr empfindlicher Teil sei, der bei der Reibung mit anderen Organen, das kann ja auch die Hand oder der Mund sein oder der After, Lustempfindungen weckt. Jetzt müßte ich selbstverständlich wissen, welche Lustempfindungen die Außerirdischen haben, um es überhaupt vergleichbar zu machen. Freud hatte es in „Das Unbehagen in der Kultur" einfach. Er konnte die weitgehende Bekanntheit des Orgasmusgefühls wenigstens unter seinen männlichen Lesern voraussetzen, als er sagte, daß dies am ehesten noch das Gefühl sei, das die Menschheit zum Phantasma des Glücks gebracht hat.[25]

Es geht ja in dem Punkt um die Frage, ob der Mensch zum Glück fähig ist. Diese Voraussetzung hätte ich mit einem Außerirdischen nicht automatisch. Ich müßte wissen, ob er ein Glücksgefühl hat, wenn er sich am Ohr tupft, oder vielleicht hat er gar keines, oder ob das ein Gefühl in den Fingerspitzen ist. Wir können hier nur science fiction-mäßig spekulieren. Ich müßte dann trachten, irgendeine Analogie zu finden. Daß das nicht so einfach ist, ist am Bananenbeispiel meiner Mutter evident. Sie versuchte die Banane immer zu beschreiben wie ein feiner, mit einem besonderen Geschmack versehener Apfel. Im Unterschied zu meiner Mutter mag ich gerade diese Art von Äpfeln nicht besonders, deren Geschmack sich am meisten an die Banane annähert.

Ähnliche Schwierigkeiten könnte ich mir bei der Darstellung von Lustempfinden hinsichtlich von Außerirdischen vorstellen, die über keinen Penis verfügen.

Was sicher noch erforderlich wäre bei der Beschreibung, wäre das innere Röhrensystem, wäre die Funktion der Prostata und wäre allenfalls noch, obwohl dies durch Brecht schon geschehen ist, die Doppelfunktion als Organ der Sexualität und des Urinierens, wo Brecht eben sagt, der liebe Gott hätte sich hinlänglich dadurch gekennzeichnet, daß er beiden Funktionen das selbe Organ zugeteilt hätte.

---

25 Das Originalzitat lautet: „[...] eine der Erscheinungsformen der Liebe, die geschlechtliche Liebe, hat uns die stärkste Erfahrung einer überwältigenden Lustempfindung vermittelt und so das Vorbild für unser Glücksstreben gegeben." Freud (1856–1939) 1994: 48f.

Ich stehe gerade ohne die Stahlseile der gewöhnlichen Antennen, das heißt ich halte mich selber aus natürlicher Versteifung. Ich soll aufpassen, daß niemand mich sieht, warum weiß allerdings keiner. Ich bin nämlich nicht häßlich. Meine Farbe paßt zum römischen Ziegelrot und meine Form erinnert an einen barocken Glockenturm von Borrumini, aber die Glockentürme haben mich kopiert, nicht ich sie. Ich bin stark und stolz wie eine Kanone vor dem Schießen, und dieser Vergleich ist für die oben erwähnte Kanone schmeichelhaft.
Luigi Malerba[26]

Martin E. Kautter

Jemandem, der keinen Schwanz kennt, dem könnte man ein dickeres Tau als Vergleich anbieten. Weil ein Tau etwas Bewegliches hat. Stabförmig würde ich nicht assoziieren. Das verweist mehr auf etwas Hartes, Dünnes. Schlauch ginge auch nicht, weil Schläuche einen zu großen Hohlraum haben.

Der Schwanz selber ist etwas Zylinderförmiges, Längliches, das es in verschiedenen Durchmessern und Längen gibt, und das meistens unförmig ist. So wie ein Zylinder, der ein wenig zusammengeklappt ist. Die Hoden sind für mich nicht Teil vom Schwanz. Die sind ein Anhängsel, sehr schön und wichtig.

Es gibt ein paar Pilzsorten, die leicht die Assoziation Schwanz zulassen. Vor allem der Hut von manchen Pilzen sieht aus wie die Eichel. Nur, der Schaft ist bei den meisten Pilzen dann doch dünner, während der Schaft eines Schwanzes meistens nicht wesentlich dünner ist als die Kappe. Und das Ganze ist dann noch von einer Haut umgeben, wenn sie nicht operativ entfernt worden ist, die wie ein Beschützertuch über diese Kuppe darübergelegt, darübergeschoben ist. Von unten her.

26 Malerba 1994: 11.

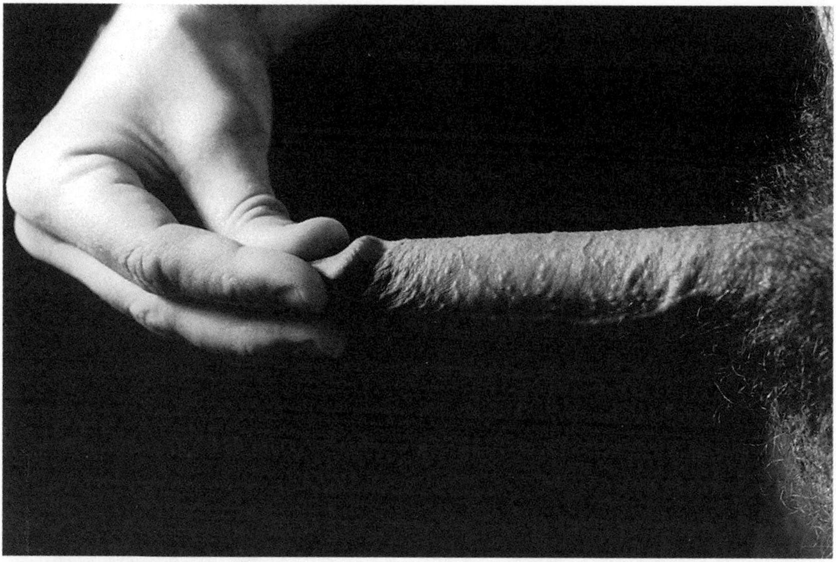

Foto: Martin E. Kautter

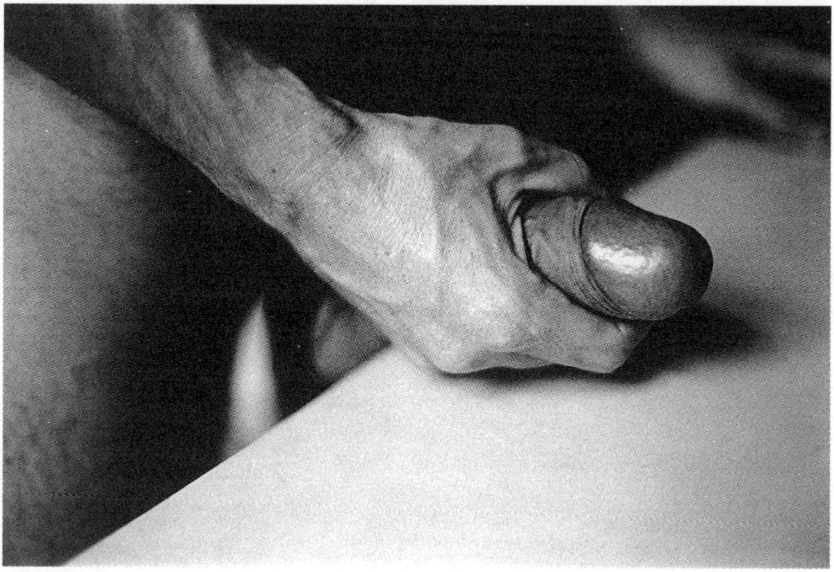

Foto: Martin E. Kautter

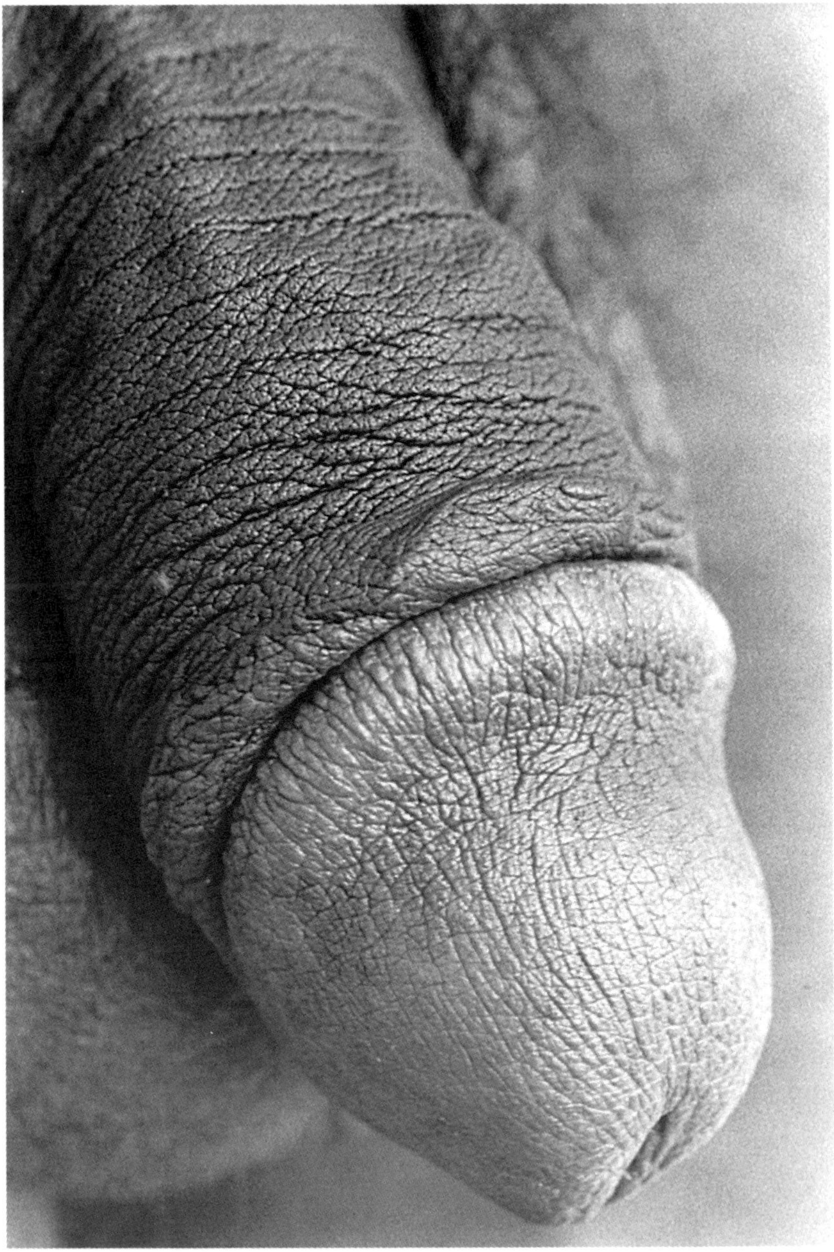

Foto: Martin E. Kautter

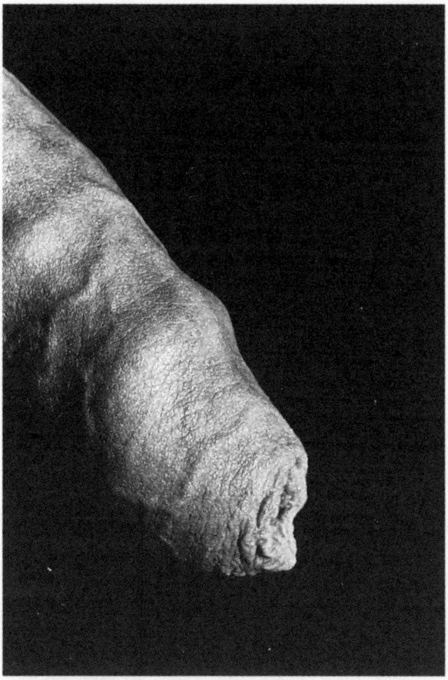

Foto: Martin E. Kautter

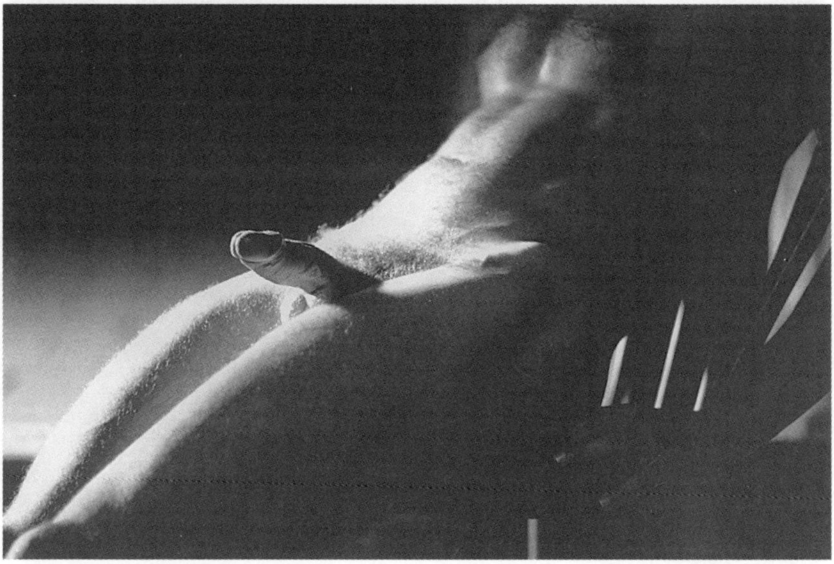

Foto: Martin E. Kautter

Foto: Martin E. Kautter

Franzobel

Er ist eine Röhre, er ist ein Kanal, er ist ein kontrollierbares, unkontrollierbares Glied, ein Mittelglied, nicht so kontrollierbar wie die anderen vier Glieder, aber ein bißchen kontrollierbar doch.

Ein gewisses Eigenleben würde ich ihm nicht absprechen. Er schaut aus, wie wenn er einen Mund hätte vorne. Bei mir kommt hinzu, daß ich beschnitten bin, und jetzt schaut diese Kappe aus, als ob er eine Prinz Eisenherz Frisur hätte.

Ungeheuerliches hat mein Penis nichts an sich. Aber das liegt vermutlich auch daran, daß er nicht so ungeheuerlich groß ist. Er ist mir nicht unheimlicher als der ganze Körper, als das ganze Leben. Diese ganze Existenz hat für mich manches Mal was ungeheuer Unheimliches. Da läuft eine Geschichte in einem ab, die jeden Moment kaputt gehen oder noch sechzig Jahre weiterlaufen kann. Das ist für mich was Faszinierendes.

Und da ist dieser Penis eigentlich ein relativ billiger Mechanismus. Wenn ich mir eine Natursendung anschaue, dann gibt es für mich wesentlich spannendere Fortpflanzungsmechanismen. Wie Pflanzen und Bienen, was die oft für komplizierte Systeme entwickeln! Da ist ja dieser Penis dagegen eigentlich wie ein Schaltknüppel in einem Auto oder ein Lichtschalter. Der Penis ist ein Lichtschalter, aber die Natur bringt auch noch Heizungsthermostate, Transistoren hervor – manches Mal.

Vielleicht geht´s in der Liebe immer nur um Geborgenheit und um das Sich-verlieren, das Sich-fallen-lassen, was in einer intakten Beziehung beiderseitig funktionieren soll. Und dafür ist halt dieser Penis, der Griff oder das Verbindungsglied oder die Kupplung wie bei den Eisenbahnwaggons.

Lothariane-Charlotte

Ich bin immer der passive Teil, der weibliche gewesen. Aber wenn mir die Männer zwischen die Beine gefaßt haben, war es sofort um mich geschehen. Ich bin, das muß ich der Ehrlichkeit halber sagen, in meinen

20er, 30er und 40er Jahren mit vielen Männern mitgegangen. Allerdings hatte ich auch eine gewisse weibliche Scheu und Zurückhaltung. Ich habe immer vorher erst mal ein Gespräch gerne gehabt. Ich bin gern mit ihnen auf der Parkbank gesessen. Oder wenn man sich in der Bahn kennengelernt hat, habe ich mir immer genau angeschaut, was das für ein Menschenkind ist. Ist er gutherzig? Ich bin gar nicht einmal so sehr nach der Schönheit gegangen, sondern mehr nach dem Fluidum. Vor allem das gute Herz hat für mich immer gezählt. Und wenn sie eines hatten, dann haben sie mich immer auch schnell erobert.

Ich bin ästhetisch sehr anspruchsvoll, was den Körperbau betrifft, und natürlich auch, was die männlichen Geschlechtsteile betrifft. Egal, ob's nun die Hoden sind, also die Eier oder der Schwanz. Was mich immer ein bißchen gestört hat, war, wenn, wahrscheinlich durch einseitiges Wichsen oder Onanieren, die Männer nach einer Seite hin so krumme Schwänze hatten. Wie eine Banane. Dann hat mich das erschrocken gemacht, und instinktiv habe ich gefühlt, hier stimmt die Symmetrie nicht! Die Schönheit!

Eine schmale Taille, ein strammer Hintern ... Also der Po mußte schön gerundet sein. Sonst wäre da etwas gewesen, was mich in der Erotik irritiert. Das wär dann nix für mich gewesen auf Dauer. Die Dicke oder Länge des Schwanzes war mir nie so wichtig. Nur wenn mich die Männer von hinten nehmen wollten, und sie waren zu gut bestückt, dann habe ich immer ein bißchen Angst gehabt. Das muß ich schon mal sagen. Das Mittelmaß war mir eigentlich immer das Liebste.

Die homosexuellen Männer, mit denen ich zusammen war, die haben nie ihre männliche Sexualität groß in den Vordergrund gestellt. Abgesehen von einem einzigen, der bisexuell war und der sich in die Hose einen Godemiché reingehängt hat, um damit Frauen zu imponieren, und wohl dachte, wenn er in der U-Bahn sitzt, sollen die Frauen mal sehen, was er in der Hose hat. Aber das war aufgrund dessen, weil er zu wenig hatte. Wie sagt man heute zu Godemiché? Kunstschwanz, Dildo! Tja, ich gebrauche sogar hier einen Ausdruck aus der Gründerzeit ...

Natürlich haben ihm manche Frauen verschämt zwischen die Beine gekuckt. Das hat er gerne beobachtet. Er wollte die Frauen ein bißchen schocken und so. Er dachte dann immer, daß ihn eine auf Grund dessen ansprechen würde. Das ist aber nie der Fall gewesen.

Es ist bemerkenswert, daß die Genitalien selbst, deren Anblick immer erregend wirkt, doch fast nie als schön beurteilt werden, dagegen scheint der Charakter der Schönheit an gewissen sekundären Geschlechtsmerkmalen zu haften.
Sigmund Freud[27]

Anonym

Es gibt das griechische Ideal des Körpers als ein wohlgeformtes Objekt. Aber für mich ist ein Schwanz zu persönlich, als daß ich ihn bewerten würde. Grad' bei Schwänzen habe ich keine Kriterien für Schönheit. Ich finde einen Schwanz grundsätzlich schön als das phallische Objekt, das er ist. Als das, wofür er auch in den Fruchtbarkeitsreligionen steht. Als Phallus schön!

Die Schönheitskriterien werden vielleicht von Frauen aufgestellt, was ich auch schon erlebt hab. Ich habe erlebt, daß Frauen sagen, es gibt einen schönen Schwanz und einen Schwanz, der weniger schön ist. Aber gar nicht so, wie die Männer in ihren Ängsten glauben, der Größe entsprechend. Das weniger. Sondern Aussehen, optisches, objekthaftes Aussehen betreffend. Der ideale Phallus ist leicht gebogen und die Eichel ist wohl geformt und nicht dünn und lang und nicht schief und so, sondern sie hat eine ebenmäßige, harmonische Form.

Frauen beziehen sich auf die Vorhaut, habe ich bemerkt. Ein Schwanz ist nur dann schön, wenn er beschnitten ist. Das habe ich oft gehört. Und ganz speziell und detailliert auf den Hodensack bezogen, auf die Eier, daß sie sagen, da hängen irgendwelche Dinger herum mit Mengen von Haut,

27 Freud (1856–1939) 1994: 49.

das habe ich mehrmals gehört. Das ist für Frauen nicht das Ideal. Wenn sie überhaupt darüber reden! Ich glaube aber, daß viele Frauen so denken wie ich, daß das dann wurscht ist!

Bei Muschis habe ich noch weniger einen Schönheitsbegriff als bei Schwänzen. Denn Muschis kann ich erst recht nicht losgelöst von der Person betrachten. Wenn man eine Person kennenlernt, sie schätzt und liebt und sexuelle Erlebnisse hat, dann werden solche Kategorien hinfällig. Dann wird sie automatisch schön, indem ich mit diesem Menschen eine Erfahrung habe, die schön ist. Warum soll die Erfahrung schön sein und die Geschlechtsteile nicht schön? Ich kann mir nicht vorstellen, daß ich eine Frau kennenlerne und plötzlich, wenn's dazu kommt und wir gehen ins Bett miteinander, daß ich dann abgestoßen bin, weil sie so eine häßliche Vulva hat. Das gibt es nicht! Die ist dann eher faszinierend. Neu! Interessant! Schön, daß es sie gibt!

Ich will, daß Männer oder Frauen sich an die archaischen Qualitäten erinnern. An die Kreatürlichkeit und nicht an fragwürdige ästhetische Kategorien. Ich bin dafür, daß man zurückfindet zur Schönheit des Körpers an sich! Ein Körper ist einmal was Schönes. Die physische Präsenz, die Kreatürlichkeit ist schön, und daher ist auch eine Vagina oder ein Schwanz prinzipiell schön. Von einem Schönheitsbegriff oder von Häßlichkeit zu sprechen, das wäre irrsinnig gemein und gegen die Natur laufend. Wie kann Natur nicht schön sein?

Mein Leben verläuft natürlich nicht so. Es wäre gelogen zu behaupten, ich selbst wäre nicht abhängig von bestimmten Schönheitsbegriffen, die einem angelernt werden, oder in denen ich selber auch einem Ideal anhänge und nachstrebe. Aber mein Ideal wäre, wenn wir diesen Zugang hätten. Zu uns selbst und zu den anderen.

Mario Wirz

Mein Schwanz war nie ein Bereich, den ich besonders hätte bedenken müssen. Da hatte ich eher Komplexe mit anderen Körperteilen. Ich war mehr mit meiner Brust, meinen Zähnen, meiner Haut beschäftigt als mit meinem Schwanz.

Mir wurde, vor allem am Anfang in meiner sexuellen Biographie, oft attestiert, daß ich einen schönen Schwanz habe. Ich bekam mit, daß er angenommen und akzeptiert wird und viele sogar schwärmerisch von meinem Schwanz erzählten. Das hat mich mit närrischem Stolz erfüllt! Dann bin ich aber nicht die Treppe runter und habe mir gesagt, mein Gott, was bist du für ein Prachtbursche, was bist du für ein toller Typ.

Was ich an mir erotisch finde: da würde ich mit den Augen beginnen. Ich habe, oder eigentlich müßte ich sagen „hatte", sehr schöne Augen. Heute sind sie durch die Medikation wegen Aids sehr trüb und glanzlos. Früher hatten sie ein schönes Leuchten. Dann fand ich meinen Mund ganz schön. Den fand ich eigentlich sehr sinnlich. Und dann die schlanke Gestalt. Ich war ein schlanker, schlaksiger Mensch. Das gefiel mir. Ich hätte allerdings gern mehr um die Brust gehabt. Meinen Arsch hätte ich mir knackiger gewünscht.

Mein Schwanz kommt in der Hierarchie meiner Körperteile als Nummer vier oder fünf. Zu ihm habe ich ein bejahendes Verhältnis. Ich denke schon, er ist schön. Er ist kraftvoll, er ist geschmeidig, und er ist diskret. Er hat Flexibilität. Er ist nicht nur eine Wummbrumme, ein Donnerding. Er ist so beschaffen, daß er den anderen durchdringen kann, auch mit Heftigkeit, aber ohne daß der andere auseinandergesprengt wird. Er ist kraftvoll. Er streckt sich aber mehr in die Länge und weniger in die Breite. Er ist eher ein Schlanker. Aber ich bin nicht dünnschwänzig. Es ist mir wichtig, das hervorzuheben.

Auch die Behaarung ist diskret. Es ist keine wuchernde. Es ist genug da, für den, der Lust daran hat. Obwohl es ja im Augenblick sehr modern ist, sich zu rasieren. Das kann ja auch ganz geil sein.

Ich habe ja nun wirklich sehr viele Schwänze in meinem Leben kennengelernt. Es gibt schon Schwänze, die machtvoller und größer sind. Aber das ist ja nun das Problem. Bei einem besonders großen Schwanz, wenn ich da Lust habe auf passiven Analverkehr, dann kann ich mit Schwänzen, die mir nicht ganz so kolossal begegnen, mehr anfangen.

Weil es einfacher ist, sie in mich aufzunehmen. Ich habe erkannt, daß das, was man so im Auge geil, wahnsinnig, großartig findet, recht unpraktisch sein kann. Und ich denke, mein Schwanz ist sehr praktisch. Er liegt dazwischen.

Ich erinnere mich, daß ich auf eine Kontaktanzeige in einem Schwulenmagazin hin anrief. Der Typ, ein sehr abgebrühter Hase, fragte mich nach drei Sätzen: „Wie groß ist dein Schwanz?“ Ich konnte ihm darauf keine Antwort geben. Es gibt ja viele Männer, die ihren ganzen Stolz, ihr Prachtstück, nicht nur pflegen, sondern auch messen.

Eine Laune der Natur bewirkt, daß den Männern ihr Geschlecht meist zu klein geworden ist, bevor sie´s noch richtig zu tragen gelernt haben.
Elfriede Jelinek[28]

Pamela Andersrum

Oft kommen Männer zu mir, die entschuldigen sich für ihren Schwanz, bevor sie sich ausziehen. Die sagen, also, heute ist er sehr klein, und so Sachen. Aber das hat, glaube ich, nichts damit zu tun, daß sie sich vor einer Nutte ausziehen sollen. Dasselbe werden sie sich bei ihrer Freundin auch denken. Ich sag dann drauf: „Schau ich so aus, als ob ich auf große Schwänze steh?“

Aber an erster Stelle steht in Wahrheit die Größe, sonst wirkt er nicht ästhetisch. Wenn er kleiner ist, wirkt er nicht. Er muß eine bestimmte Größe haben, so ab sechzehn ... Es hängt natürlich davon ab, wo man mißt, ob man unten, von den Eiern weg mißt, oder auf der Oberseite. Also ich habe immer oben gemessen.

Meiner ist siebzehn Zentimeter lang und fünf Zentimeter dick. Ab der Größe fängt es schön langsam an, interessant zu werden. Und weitere Kri-

28 Jelinek 1989: 112f.

terien: Daß er keine verengte Vorhaut hat, die finde ich sehr unästhetisch und unappetitlich. Wenn er beschnitten ist, ist er ganz schön. Er soll eine schöne dicke Eichel haben, schön prall, er soll nicht bläulich sein, sondern zartrosa, nicht zu empfindlich, sondern mit einer dicken Lederhaut vorne, daß man schön dran lutschen kann. Gebogen oder krumm, das ist mir egal. Aber wichtig ist eine schöne Eichel, die schön offen liegt. Das wirkt für mich ästhetisch und hygienisch und appetitlich auch.

Müssen zwar nicht sein, aber sie schauen gut aus: pralle, dicke Eier. Und ich hab´s ganz gern, wenn er nicht allzu dicht behaart ist da unten, wenn er sich die Haare stutzt mit einer Rasiermaschine oder eventuell rasiert. Das schaut auch ganz gut aus. Ich könnte ihn dir jetzt aufzeichnen, aber davon hast du nichts.

Leo Lukas

Der Philipp Stark wurde einmal gefragt, wie er die Menschen designen würde, wenn er die Möglichkeit dazu hätte. Er hat geantwortet, daß er die Frauen ziemlich so belassen würde, aber bei den männlichen Geschlechtsorganen würde er sich ein bißchen was einfallen lassen.

Als ich das gelesen habe, mußte ich lachen. So ein haariger, verschrumpelter Hodensack – da gebe ich dem Philipp Stark recht, möglicherweise könnte man das wirklich formschöner lösen. Andererseits kann ich absolut verstehen, daß schwule Männer auf Schwänze stehen. Ich habe noch keinen homosexuellen Kontakt gehabt, homoerotisch schon, aber keinen Sexualkontakt. Der Schwanz würde mich, glaube ich, nicht abstoßen, eher der haarige Arsch oder der haarige Hodensack. Obwohl ich andererseits bei Frauen auf Haare stehe. Ich mag es gar nicht, wenn die Beine und Achseln rasiert sind, und ein bißchen Damenbart törnt mich ziemlich an. Ich werde es höchstwahrscheinlich nie erleben, aber ich könnte mir vorstellen, daß mir ein Transvestit gefallen könnte. Ein Hermaphrodit, das hat irgendwie etwas Faszinierendes ... aber vielleicht ist es auch nur die Exotik.

Wahrscheinlich wäre ich wie die meisten Männer darauf angelegt, auch Sexualkontakt mit Männern manchmal klaß empfinden zu können. Ich kenne das auch aus Träumen, daß ich, ganz selten zwar, ein starkes Empfinden gegenüber einem Mann habe. Das hat sehr wohl auch mit dem Schwanz zu tun. Einen erigierten Schwanz in den Mund zu nehmen, ihn zu liebkosen oder so, das könnte interessant sein ... Andererseits glaube ich nicht, daß es mir gefallen würde, von einem anderen Mann in den Arsch gefickt zu werden. Nicht, daß ich keine lustvollen Gefühle mit meinem After verbinde. Aber ein Schwanz in meinem After, da würde ich meinen, daß das mit Schmerz verbunden ist.

Als Kind, als Pubertierender, was ich da trainiert habe, um meinen eigenen Schwanz in den Mund nehmen zu können! Aber es ist sich nie ausgegangen. Ich bin einfach nicht so gelenkig. Ich bin nie hingekommen, es haben immer ein paar Millimeter gefehlt. Verdammt! Ich habe mir gedacht, wenn du so gelenkig wie diese Turnerinnen wärst, da könntest du Sachen aufführen mit dir selber! Oder wie ein Eisbär im Zoo, den ich einmal gesehen habe, der hat sich genüßlich selber geschleckt und ganz offensichtlich eine rechte Hetz gehabt mit sich selber.

Rinaldo

Ich hatte jahrelang in meinem Kopf den Satz, daß Schwänze das Schönste auf der Welt sind. Ich fand es gleichzeitig peinlich, so kraß auf Sex bezogen zu sein. Mittlerweile stehe ich dazu. Schwänze faszinieren mich einfach außergewöhnlich. Schwänze sind eine Leidenschaft. Sie haben eine magische Anziehungskraft auf mich. Auch mein eigener hat mich immer sehr interessiert. Wenn ich so rumfrage und mich unterhalte mit Freunden, auch mit schwulen Freunden, dann merke ich, daß es durchaus nicht selbstverständlich ist, daß jemand derart auf Schwänze fixiert ist.

Ich mag große Schwänze sehr gern. Stark adrig finde ich besonders geil. Beschnitten oder unbeschnitten – ich kann beides sehr gut finden.

Ich mag es auch, wenn Schwänze in irgendeine Richtung gebogen sind. Am besten nach oben. Das liegt vielleicht daran, daß mein eigener Schwanz nach unten gebogen ist und man gern das Gegenteil hat.

Ich bin auch in meinen eigenen Schwanz verliebt! Das Praktische ist ja, daß man seinen eigenen Schwanz jederzeit zur Verfügung hat im Gegensatz zu einem anderen. Da kann man ja nicht immer so, wie man will. Ich habe auch verschiedene Vakuumpumpen ausprobiert. Ich glaube, daß sich mein Schwanz dadurch sehr verändert hat und wesentlich größer geworden ist.

Viele haben ganz andere Fixierungen. Viele wollen ficken oder gefickt werden. Daran hatte ich nie ein besonders großes Interesse. Ich bin einfach an Schwänzen an und für sich interessiert. Es macht mir enormen Spaß, sowohl mit meinem Freund Sex zu haben und mich mit seinem Schwanz zu beschäftigen als auch auf Orgien zu gehen und dort viele vor Augen zu haben und auch anzufassen. Ich gerate dabei in eine Art rauschhaften Zustand. Ohne Drogen!

Auf der anderen Seite hat dieses kleine schrumpelige Ding auch etwas Komisches und Lächerliches an sich. Es gibt zwar Schwänze, die immer schön sind, egal, ob schlapp oder steif. Aber die meisten sind in schlaffem Zustand einigermaßen ulkig. Beim Gehen schlackern sie hin und her. Sie sind doch eigentlich ein Witz!

Die Veränderung daran ist interessant: daß so etwas Kleines, das man belächeln kann, plötzlich imposant wird, daß es einen Körperteil gibt, der sich so kraß verändert und fast ein Eigenleben führt.

Beschreibe bitte deinen Schwanz![29]

Hermes Phettberg

Der meine ist 0,5 Zentimeter lang. Das ist so etwas Kuscheliges, so bauschig, so schön, ungemein schön. Er ist bauschig, kugelig, wie der Bauch von einem Teddybären.

29 Der Gesprächspartner bestand auf der Aufnahme der Fragen in den Text.

Er ist fast so eine Art „missing link“. Auf den ersten Blick, wenn man mich ansieht, glaubt man, ich bin ein Hermaphrodit, weil ich so pralle Eier hab. Die sind genau zentriert. In der Mitte ist so eine Art Naht, die den Hodensack zusammenhält, und wenn man genau schaut, glaubt man, das ist eine Vagina, mit ungemein geschwollenen Schamlippen. Diese Hautrunzeln, die auf der Oberseite dieser Vagina sind, die der eigentliche Penis wären, nimmt man auf den ersten Blick gar nicht wahr, weil auch noch dieser riesen Bauch drüberhängt.

Man glaubt, wenn man mich nackt sieht, das ist eine dicke Frau. Aber das sind Eier und ein Schwanz! Und er fährt dann, wenn er steif ist, auf acht Zentimeter aus. Das ist fast eine Verzwanzigfachung, was ja kaum jemand zustande bringt. Wer kann schon seinen Schwanz verzwanzigfachen! Ich habe dadurch, daß er so klein ist, irrsinnig schnell eine Erektion. Beim leichtesten Gedanken ist sofort eine Erektion da. Innerhalb von Sekunden, ja, ja, ja.

Er hat den Vorteil unter meinem riesen Bauch, daß, selbst wenn ich einen Steifen habe ... Ich könnte in der Stephanskirche, wenn sie blattelvoll ist, zur Kommunion gehen mit steifem Glied und niemand würde es erkennen, weil die Kleinheit selbst des Steifen so klein ist, daß niemand merkt, daß ich eine Erektion hab.

Napoleon Seyfarth

Ich habe ja in meinem Leben schon eine gewisse Empirie gewonnen, was Männer angeht. Es gibt keine Faustregel, wonach sich die Schwanzgröße ableiten läßt. Weder an der Nasengröße noch gar an der Körperlänge. Eher schon am Gewicht. Spindeldürre Männer scheinen schon größer bestückt zu sein als dicke. Sie scheinen, denn ihr Schwanz hat keine Gelegenheit, sich im Körper zu verkriechen. Was da ist, ist auch gleich zu sehen.

Es kommt nicht auf die Größe an, lautet ein frommer Spruch, den man und frau auch, wie so viele fromme Sprüche, erst einmal hinterfra-

Aubrey Beardsley: „Die Gesandten der Spartaner". Illustration zur Lysistrata von Aristophanes, 1896

gen müßte. Ich bin froh, daß die neue Frauengeneration gelernt hat, ihr Lust am Mann zuzugeben. Statt auf den lauteren Charakter schauen sie jetzt lieber auf den Knackarsch. Und auch ein dicker, fetter Fleischwurstschwanz ist für sie, zumindest optisch, attraktiver als ein dünnes Ringelschwänzchen.

„Ich schau dir in die Augen, Kleines", kommt wohl wirklich nur im Film vor. Der erste Blick beim nackten Mann geht wohl eher auf das, was zwischen den Beinen baumelt. Und bei keinem Körperteil ist ein Mann leichter zu verunsichern als bei seiner Schwanzgröße.

Meine frauenbewegte Schul- und Busenfreundin Michaela hat das mal bei einem Machotyp praktiziert. Im Bett hatte dieser zu dominieren versucht, indem er sie anherrschte: „Alte, ich fick dich jetzt durch, daß dir Hören und Sehen vergeht". Worauf Michaela ihre Brille aufsetzte, ihm zwischen die Beine guckte und nur fragte: „Mit was denn?" Der Typ, der nach glaubhafter Versicherung von Michaela durchaus gut bestückt war, war daraufhin so irritiert, daß er weitere Aktivitäten sofort abbrach und tief gekränkt nach Hause schlich.

Allen Männern ist, meiner Meinung nach, die Schwanzgröße wichtig. Und viele unterschätzen ihren Schwanz, finden ihn im Vergleich zu anderen mickrig. Ich auch. Vor allem im eingefahrenen Zustand. Als Vorbereitung zu diesem Gespräch habe ich ihn gestern, extra noch, im stehenden Zustand gemessen. Wie gut, daß ich im Studium das Gebot der Objektivität von Meßreihen so stark verinnerlicht habe. Ich hatte meinen Schwanz immer unterschätzt. Ich war erstaunt, daß er von der Wurzel bis zur Eichel 18 Zentimeter mißt, also zwei Zentimeter über dem angeblichen deutschen Durchschnitt von 16 Zentimetern.

Es gibt das Gerücht, daß die DDR-Norm für Kondome ebenfalls zwei Zentimeter über der westdeutschen Norm lag. Die DDR-Norm wollte wohl die Überlegenheit des Sozialismus auf allen Gebieten beweisen. Kein Gerücht jedoch ist, daß die Norm des Eurokondoms auf norwegischen Einspruch hin verlängert wurde, da die Nordmannen sich in dieser Hinsicht dem Durchschnittseuropäer überlegen fühlten. Die Euronorm beträgt jetzt 18 Zentimeter. Die Norweger sind dann trotzdem nicht der

EU beigetreten. Also könnte man die Kondome wieder auf deutsche und österreichische Maße verkürzen.

Von der Optik her hätte ich gerne, vor allem im nicht-erigierten Zustand, einen Fleischwurstschwanz. Ein Schwanz, der besser in der Hand liegt als sogenannte Spargelschwänze. „Lang und schmal, der Frauen Qual", wie es so schön heißt. „Kurz und dick, der Frauen Glück", heißt die Fortsetzung dieses Sinnspruches. Ich liege, oder sollte ich sagen, ich stehe, da in der Mitte. Ich habe leider keinen Fleischwurst- und glücklicherweise keinen Spargelschwanz. Ich würde ihn als Pilzschwanz bezeichnen. Die Eichel ist dicker als der Schaft. Was für den Plopp-Effekt sorgt. Beim Eindringen in die inneren Werte des Mannes wird der Eichelrand automatisch vom Schließmuskel eng umschlossen und beim Herausziehen gibt es dann, anders als in der Iglo-Werbung, keinen Blubb, sondern einen Plopp.

Es läßt sich nicht hinwegdiskutieren, daß der Schwanz ein Symbol für Männlichkeit ist. Ein muskelgestählter Superathlet mit kleinem Schwanz fühlt sich einem mickrigen Riesenschwanzträger zwar dummerweise, aber trotzdem automatisch unterlegen. Es ist auch, zumindest bei mir, ein Phänomen, daß ich am Anfang von Beziehungen die Schwanzgröße des Partners über- und am Ende unterschätze. Und daß, nach meinen subjektiven Erfahrungen, Männer mit großen Schwänzen eher passiv sind als Männer mit kleineren. Je größer der Schwanz, desto tiefer lassen sich die Männer penetrieren, scheint nicht nur bei mir die Faustregel zu sein. Und je kleiner die Schwänze sind, umso mehr wollen die Besitzer dieser Stücke rammeln. Als müßten sie die kleinere Quantität durch größere Aktivität wettmachen.

Mein Schönheitsideal ist wahrscheinlich von Michelangelo beeinflußt. Es ist das Ideal des von mir so bezeichneten Renaissancetyps. An pummeligen Barocktypen oder asthenischen, schmächtigen gotischen Typen finde ich weniger Gefallen. Das Renaissanceideal ist für mich verknüpft mit Zehnkämpfertypen. Muskulös, fleischig. Reinhold war so einer. 1,90 groß. Prallhart seine Haut ausfüllend, mächtig. Und zusätzlich noch ein dicker, fetter Schwanz. Er starb 1988 an AIDS. Als ich ihn im Endstadium beim

Sterben begleiten durfte, war er auf 48 Kilo abgemagert. Ein ganz dünnes Körperchen, ganz dünne Beinchen. Nur sein Schwanz hing noch in gewohnter Dicke zwischen den Beinen.

Wegen der Nebenwirkungen der Morphiumtherapie hatte er Schwierigkeiten, aufs Klo zu gehen. Einen Tag vor seinem Tod half ich ihm bei seinem letzten Stuhl-Gang. Ich führte ihn ins Badezimmer und half ihm, den Brauseschlauch einzuführen, damit er sich nach einem solchen Einlauf erleichtern konnte. Dieser Einlauf muß ihn an gewisse Säuberungspraktiken vor gewissen Stunden erinnert haben. Jedenfalls bekam er eine gewaltige Erektion. Ein Skelett, aus dem ein unverschämter Prügel ragte, der, verglichen mit seinem Körper, wie eine riesige, pralle Salatgurke wirkte. Ich schaute auf die Gurke wie ein Kaninchen auf die Schlange. Er bemerkte meinen Blick und sagte: „Wenigstens sterbe ich stehend." In diesem Moment habe ich ihn geliebt, wie ich vorher noch keinen Menschen geliebt habe. Tags darauf war er tot.

Das andere Extrem habe ich mal bei einem Stuttgarter Bodybuilder angetroffen. Auch er war ziemlich groß, so 1,85, aber mit einem extrem kleinen Schwanz, wie sich später herausstellen sollte. Er hatte furchtbare Schwierigkeiten, im Bett seine Unterhose auszuziehen. Als es mir gelang, ihn aus den Boxershorts zu schälen, sah ich zwischen den Muskelmassen ein Ding, das im erigierten Zustand so groß wie mein kleiner Finger war. Er schien es gewohnt zu sein, daß die Leute an diesem Punkt sich wieder anzogen und gingen. Mich törnte es gewaltig an, mit diesem „Riesenbaby" zu ficken, oder besser gesagt, mich ficken zu lassen. Es gelang uns, seine anatomisch bedingten Einführungsschwierigkeiten zu überwinden. Analog zum Begriff der Entjungferung erlebte er in dieser Nacht seine „Ermannung". Er war zum ersten Mal aktiv gewesen. Ich nehme an, er war nur deshalb für kurze Zeit in mich verliebt, weil ich ihm dieses Machtgefühl verschafft hatte. Sein kleines Ding hatte triumphieren dürfen.

Gerhard Altmann

Wenn ich nach dem Duschen am Spiegel vorbeigehe, springt mir der Schwanz sicher viel öfter in die Augen als die Schultern oder die Augenbrauen. Weil er das zentrale Fleisch ist. Auch wenn ich bald zweiunddreißig werde, bin ich noch immer so sehr Bub, daß ich nachsehe, wie groß er im Spiegel ausschaut.

Wenn man sich sagt, ich bin zufrieden mit der Größe, ich kann mithalten mit anderen, dann ist das Ausdruck eines Konkurrenzdenkens. Das ist zwar eine dumme Sache, aber dieses Denken ist in mir drinnen. Gleichzeitig hat man so eine Vermutung, daß man vielleicht Probleme damit hätte, eine Frau zu befriedigen, oder sich zumindest auszuziehen vor einer Frau, wenn man eben nicht so bestückt wäre. Da spielt sehr viel Eitelkeit und Verletzbarkeit mit.

Nirgendwo ist man so verletzbar wie bei den Weichteilen.

Ich habe noch immer gut in Erinnerung, wie man mit dem Lineal dagestanden ist und abgemessen hat. Es wird einem in der Pubertät eingeimpft, daß man vergleichen muß! Wie schaut er aus, wie groß ist er? Kann ich eh zufrieden damit sein? Das wird wahrscheinlich nie aufhören. Zumindest für mich kann ich das behaupten.

Vielleicht gibt es einen geheimen, internen Wettbewerb zwischen den Männern dieser Welt. Einen unausgesprochenen Wettbewerb, daß man sich sagt, ich muß zwar nicht den Größten haben, will aber keinesfalls den Kleinsten haben. Vielleicht wird deshalb unter Männern so wenig über den Schwanz geredet, weil jeder durch das Schweigen vorgibt, daß eh alles zum besten steht und man in einem weitergehenden Gespräch draufkommen könnte, in einem direkten Vergleich den Kürzeren zu ziehen.

Wenn man sich vorstellt, daß man ein riesengroßes Stück Fleisch zwischen den Beinen hat, dann bildet man sich ein, warum, weiß ich nicht, daß man jetzt jede Frau ganz furchtbar damit befriedigen kann. Wenn es stimmt, was ich gelesen hab, gibt es ganz arme Männer, die jede Frau furchtbar schockieren, wenn sie auspacken und selber schwindlig werden, wenn ihnen das ganze Blut in die Genitalien fährt.

Albert Dürer: Selbstporträt, ca. 1503

Wahrscheinlich ist das ein dummer, nur emotional begründbarer, aber nicht nachvollziehbarer Wettbewerb, der da herrscht. Wenn wir wüßten, warum es diesen Wettbewerb gibt, dann wüßten wir viel mehr über die Menschheit.

Liebe, geile Tiere

Ein furchtsamer, kecker, anschmiegsamer Warmblüter, ein ängstigender, ekelerregender Kaltblüter; lichtscheu, fast blind gar, ein freier Flieger von Baum zu Baum, ein Liebhaber der Feuchtigkeit, wieselflink und putzig anzusehen, ein Tier von großer Kraft ...

Es ist bezeichnend, daß unter den [altgriechischen] Vokabeln, die den Penis bezeichnen sollten, eine unverhältnismäßig große Anzahl ist, die entweder tierische Kraft oder verwundende Fähigkeit ausdrücken sollen; also einerseits animalische Potenz, andererseits Waffenkraft. Zur ersten Gruppe gehören hippo („Hengst"), tauros („Stier"), kyon („Hund") und sathe („Fischotter"); zur zweiten kentron („Stachel"), keras („Horn", „Geweih") und phales („Pflock", „Keil").
Ernest Borneman[30]

Frage: Mit welchem Tier würdest du deinen Schwanz vergleichen?

Hermes Phettberg

Tier, Tier, Tier ... Tier ... so ein liebes Tier gibt es gar nicht, mit dem ich ihn vergleichen könnte. Tiere sind ja Bestien! Meiner ist ja gutartig! Der ist so etwas von lieblich! Kuschelig!

Ha, ha, ha, ha, ha, ha, ha, ha ... ich wüßte jetzt offenbar gar kein Tier, das mir so sympathisch wäre wie dieses kuschelige ... Ich muß dir jetzt das Foto zeigen, auf der Stelle, weil ich sonst nicht mehr weiterreden kann!

30 Borneman 1975: 226f.

Das ist aus meiner Sicht etwas so Putziges, daß es ganz aus ist!

Eine Koralle?

Aus meiner Sicht jedenfalls ein sehr zurückgezogenes Tier.

Ein Meeresbewohner?

So ein ganz ein Schüchti! So ganz, ganz zurückgezogen. Wobei natürlich auch das sanfteste Tier irgendwelche anderen Viecher frißt.

Am ehesten vielleicht ist er wie eine Kuh, die nur Gras frißt. Hm? Man muß sich das vorstellen: diese Kühe sind wirklich die mildesten Lebewesen der Erde. Riesenapparate von Viechern und fressen nur Gras. Am ehesten gemahnt es mich an eine Kuh. Das ist wirklich ein ungemein sanftes Viech. Dann noch diese Riesennase von diesen Viechern. Und mit dem ganzen Gebiß und so ... Da können sie die versprengtesten Grashalme aufspüren. Wobei auch ich sofort einen Steifen hab, wenn ich nur einen Hauch Sexuelles wittere. Dieses Foto leih ich dir, wenn du mir dafür deinen Paß hierläßt.[31]

Georg-Philipp

Im ersten Moment habe ich mir gedacht, oje, diese Frage, und im nächsten Moment ist mir ein Eichhörnchen eingefallen! Ich habe Eichhörnchen sehr gern. Sie haben einen Schweif, den sie von Baum zu Baum mitschleppen. Sie knacken Nüsse und Eier. Sie sind verschmitzt und manchmal launisch und lustig.

Frauen sind für mich meistens Katzen, den Eindruck habe ich oft. Ob das jetzt von „Muschi“ herkommt? Ich weiß nicht, ich glaube das auch am Gesicht zu sehen.

31 Siehe Foto auf Seite 66.

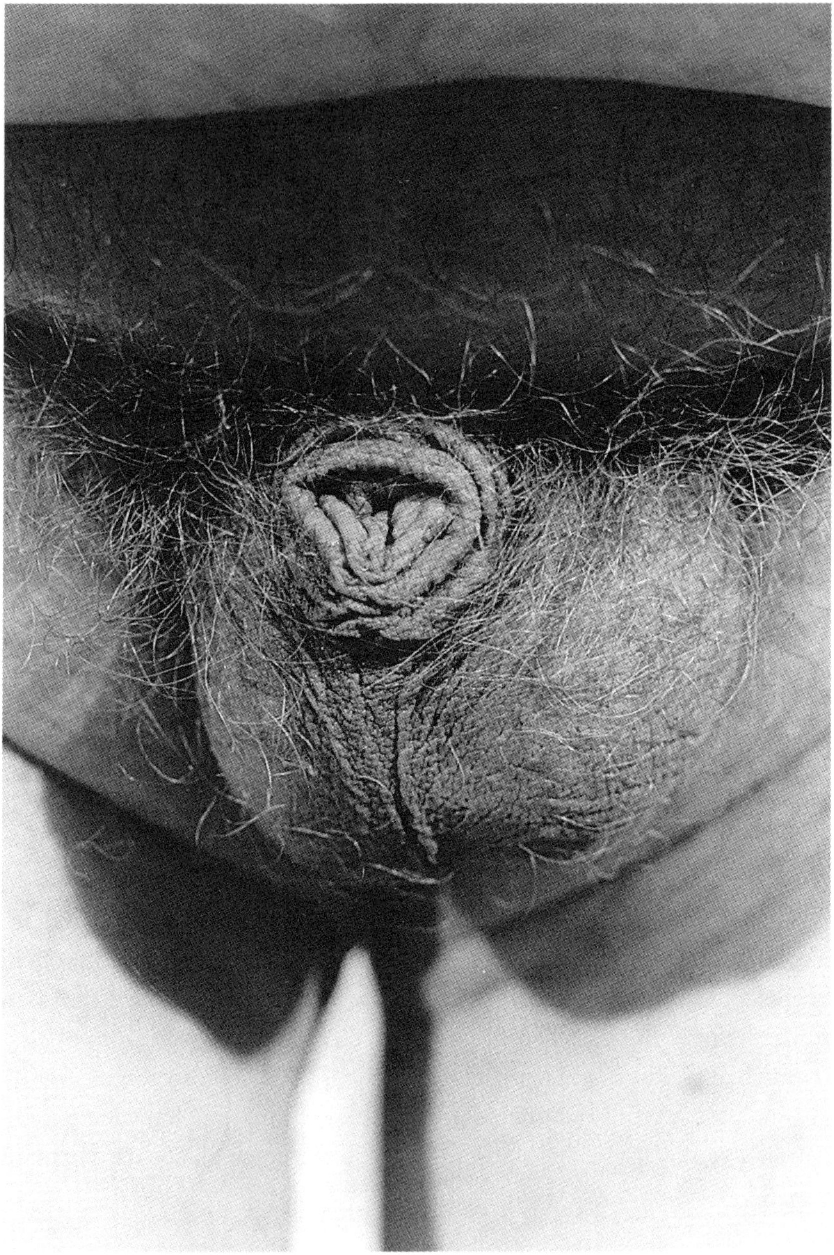

Hermes Phettberg. Foto von Bela Borsodi.

Es gibt Erscheinungen im Tierreich, große Würmer oder grausige Schlangen, von denen jeder sagt, die schauen wie ein Schwanz aus. Die wären so grausig nach meinem Empfinden, daß ich die sicher nicht mit meinem Schwanz gleichsetzen möchte.

Franzobel

Vielleicht mit einem Specht. Wegen dem Klopfen. Irgendwie hat er auch was von einem Maulwurf. Der Maulwurf bohrt, er ist blind, in der Muschi ist es dunkel.

Das wären zwei Bilder von einem erotisch aktiven Penis: Er klopft, wenn man innehält, spürt man das Blut pochen. Deshalb bin ich vielleicht auf den Specht gekommen.

Rinaldo

Spontan fällt mir ein Otter ein! Ein Otter ist naß und glatt. Und glitschig. Und der Körper biegt sich auch in verschiedene Richtungen. Aber nicht so wie bei einem Pferd oder einem Hund oder bei einer Katze, die Gliedmaßen haben, die sich einzeln bewegen. Sondern ein Otter ist eine fließende Bewegung im Ganzen, in einem Stück sozusagen.

Eine Schlange wäre auch naheliegend. Wie der Kopf auf der Schlange draufsitzt. Die Schlange wird oft als phallisches Symbol verwendet. Zum Beispiel in der Bibel. Eva mit der Schlange am Baum der Erkenntnis. Ich dachte immer, daß die Schlange im Paradies auch etwas mit dem Schwanz zu tun haben muß. Adam und Eva sind ja schon zusammen. Ganz platt gesagt, wäre das die Versuchung durch einen anderen Mann, die die Schlange symbolisieren könnte. Untreue wird in der christlichen Kultur verbunden mit Sünde.

Ich war kürzlich in der Sixtinischen Kapelle in Rom und habe dort die Darstellung des Satans direkt über der Tür gesehen. Da windet sich eine

Schlange um seinen Körper und beißt in seinen Schwanz. Der Penis verschwindet im Schlund der Schlange.

Leo Lukas

Zu meiner eigenen Verwunderung fällt mir ein Wiesel ein oder ein Hamster. Der gehört eigentlich zur Gruppe der Nagetiere. Das wundert mich selbst! Warum eigentlich? Wiesel, wieselflink ... Eichhörnchen, Hamster, fleißig ... Aber das ist auch keine so wirklich zwingende Assoziation. Wegen der spitzen Schnauze vielleicht. Der Kopf überhaupt hat vielleicht eine Ähnlichkeit mit einer Eichel, wenn ich an den erigierten Schwanz denke. Wenn es nicht steif ist ... Schlange, Wurm ... alles, was ein bißchen pneuförmig ist.

Offensichtlich fallen mir zum schlaffen Schwanz Tiere ein, die harmlos sind, und zum steifen solche, die auch zubeißen können.

Tja! Vielleicht will man doch unterbewußt Potenz im Sinn von Stärke, Wehrhaftigkeit mitspielen lassen. Ich glaube, daß auch in mir noch viele Sachen drinnen stecken, die aus Männerbildern kommen, die ich rein intellektuell inzwischen ablehne. Wenn ich sage, daß ich diesbezüglich ein anderes Bewußtsein entwickelt habe, dann heißt das ja trotzdem nicht, daß ich alles hätte restlos hinter mir lassen können.

Willi

Eine Gazelle! Eine männliche Gazelle! Mir gefallen Gazellen. Sie sind schnell und doch zart gebaut und können laufen wie ein Wiesel. Eine Gazelle erreicht eine enorme Geschwindigkeit. Gemessen an ihrem zarten Körper hat sie große Energiereserven und läuft fallweise sogar den Löwen davon. Ich war früher im Sexualverkehr ein ziemlicher Hudriwudri [Hektiker, Schußler]. Davon bin ich abgekommen. Trotzdem haben die Gazellen eine Faszination für mich. Im Liebesspiel sind Gazellen auch sehr zärtlich.

Fritz Ostermayer

Als erstes fällt mir „Schlange“ ein. Aber das ist blöd. Er schlängelt sich ja nicht herum. Er ist ja nicht bedrohlich ...

Wie ein Nacktmulbaby schaut er irgendwie aus! Das ist ein röhrenförmiges Viech, das tief unten in Höhlen haust und blind, taub und faul ist. Ein Totalverweigererviech. Das hat am ehesten noch Schwanzform. Die Babies des Nacktmul sind noch nicht schwarz glänzend, sondern hell und etwa in der Größe eines Schwanzes. Vom Geiste her finde ich den Schwanz dagegen eher äffisch. Aber wahrscheinlich mißbrauche ich die Affen, wenn ich den Schwanz als äffisch bezeichne.

Tiermetaphern sind natürlich immer problematisch, weil sie erstens im Kopf immer nur als Klischees abgerufen werden und zweitens höchstens die Primitivpsychologie des Metaphernreiters widerspiegeln. Lassen wir den Viecherln ihre Würde. Ein Schwanz ist ein Schwanz ist ein Schwanz und kein Metaphernspielzeug.

Erwin Puls

Stier oder Pferd scheinen Etiketten der Potenz zu sein – wegen ihrer vermuteten Potenz. Europa wird ja von Zeus in der Gestalt eines Stieres verführt. Kein Mensch denkt dabei an Kuh. Oh doch, Hera wurde die Kuhäugige genannt. Der Ziegenbock fällt mir aber noch vorher ein. Der Ziegenbock ist schließlich dem Dionysos zugeschrieben. Die Satyre, deren Standbildern zu bestimmten Festen polierte und geölte steinerne Phallen aufgesteckt wurden, an denen die Jungfrauen sich deflorierten, waren die ziegenbocksgestaltigen Begleiter Satyros.

Denn das Deflorieren war nicht nur für die Männer mit Angst verbunden, weil es in diesen archaischen Zeiten als eine zu elementare Veränderung im weiblichen Leben galt, also haben es die Männer nicht so nebenbei und oft genug für die Mädchen enttäuschend gemacht, so wie es heutzutage in Mode ist, sondern es wurde den unschuldig derb-lüsternen

Waldgeistern überlassen. Die heilige Fete fand in den herbstlichen Hainen statt, quasi bei einem antiken Heurigen.

Weiß Gott, wer mir das zugetragen hat: Fürst Wenzel Anton Kaunitz, 1711–1794, der Minister, der sich besonders prüde gebenden Kaiserin Maria Theresia, hatte sich ein Deflorationsmöbel angeschafft und ließ sich aus seinem ganzen Regierungsbereich Jungfrauen heranbringen, um sie auf diesem Stuhl gebunden zu deflorieren. Das macht zumindest deutlich, daß die Erstmaligkeit des Eindringens einerseits eine Situation ist, der der Mann feige und ängstlich gegenübersteht, und die andererseits eine immense Machtdemonstration darstellt. Auch die Vorstellung vom Recht beziehungsweise der Pflicht des Grundherrn der jus primae noctis im Feudalismus, oder daß das Mädchen sich aufzuheben hat bis zur Hochzeitsnacht in der bürgerlichen Gesellschaft, ist noch gar nicht so lange her und ist gespeist aus denselben Ursachen der Angst vor der chaotisch-ekstatischen Sexualität. Es lag sicher an dieser Angst, daß nur besonders starke Männer, als der selbstverständlich der Landesfürst galt, die Kraft gehabt und die Pflicht auf sich genommen haben, diese Mühsal zu erledigen, sodaß das arme schwache Bäuerlein damit nichts mehr zu tun hatte. Als der Mythos brach und die Sache zum Vergnügen profanierte, versuchten die Grundherrn das Recht der ersten Nacht sich mit Gewalt als Privileg zu sicheren.

Und Storch, Schwan oder Schlange waren (oder sind?) wegen ihrer banalen Analogie zum Aussehen des Phallos ein deutliches Wunschbild, wenn auch ein weit übertriebenes. Der Storch ist ja der klassische Kinderbringer. Und Leda trieb es mit dem Schwan. Die heilige Jungfrau Maria zertritt in vielen Abbildungen der Schlange den Kopf, was das sexuelles Verhältnis ihrer Anbeter deutlich macht.

Um darüber bei anderen Kulturen etwas auszusagen, kann ich mich von den Vorurteilen nicht lösen. Da bin ich nicht kreativ. Es wurde mir zugetragen, daß asiatische Kulturen unter anderem den geschmeidig kraftvollen Tiger als Potenzsignal sehen. Männer sollen tatsächlich Tigerknochenmehl zu sich nehmen, um ihren ersehnten Paarungsanforderungen jederzeit nachkommen zu können. Und offensichtlich hat bei Afrikanern das Nashorn des Nashorns mit den gleichen Problemlösungsversuchen zu tun. Das liegt an der immerwährenden Erektion dieses Kopfauswuchses, die einen schmerzfreien Priapismus signalisiert.

Napoleon Seyfarth

Mit einer Schildkröte! Mit einer Schildkröte, die sich normalerweise in den Panzerschutz ihrer Bauchhöhle verkriecht, aber in Aktion neugierig, erwartungsvoll ihren, im Vergleich zum schrumpeligen Vorher, langen, weißen Hals rausschiebt, an dem ein dicker, dunkelroter Kopf prangt.

Gerhard Altmann

Ein Lama. Weil das spuckt. Von der Beschaffenheit müßte es aber etwas Längliches sein. Ganz spontan fällt mir ein Drache ein. Der Feuerspeiende. Er steigt auf. Bei Michael Ende gibt es den Glücksdrachen Fuchur, der kann fliegen. Ein Drache ist kraftvoll.

Manfred Chobot

Es sollte ein männliches Tier sein. Kein allzu großes, denn die gefallen mir nicht so gut. Vielleicht ein Kater. Weil der herumrennt nächtens. Oder ein Tiger. Ein Pferd wäre mir einfach zu groß, und die Ziegenböcke stinken mir zu sehr. Der Kater ist ein sauberes Viech. Er putzt sich. Er ist geschmeidig. Elastisch. Er ist nicht aufgeschmissen, wenn es wo tief hinunter geht. Denn er kann hinunterhüpfen. Wie ein Tiger. Ein Pferd kann bloß rennen. Zwar kann es über ein Hindernis springen, aber das schafft ein Kater auch. Oder zumindest darüberklettern. Insofern halte ich den Kater den anderen Viechern überlegen. Schnurren kann Er obendrein.

Mit welchem Tier ich dagegen mein Gehirn assoziieren würde? Da fällt mir eine Biene oder Ameise ein. Eigentlich eher ein Bienenschwarm. Es braucht die Koordination. Die ist auch bei den Ameisen interessant. Ich habe dieser Tage eine Ameisenstraße beobachtet und zwei Ameisen erdrückt. Sofort ist die Straße gestört und die Ameisen wissen genau Bescheid. Die rennen wie blöd umher und sagen sich ständig irgendwas. Als täten sie aufeinander zulaufen. Und im letzten Moment weichen sie aus. Wie die Kommunikation verläuft, weiß ich zwar nicht, aber sie funktioniert.

Rolf Schwendter

Körperteile mit Tieren metaphorisch zu belegen, das wäre eine literarische Übung, die ich noch nie gemacht habe. Das wäre allenfalls sinnvoll in Kontexten, wie wenn man Bilder malen wollte wie Arcimboldo. Da wäre es vorstellbar. Das Auge, was weiß ich, mit einem Pfau oder einem Teil des Schwanzes eines Pfaus, und das Ohr, Muschel ist mir fast zu banal, vielleicht gibt es etwas Intelligenteres ... Also, im Kontext einer solchen Arcimboldo-Montage wäre der Penis so etwas wie Bachstelze oder Rotkehlchen. Aber das sind Dinge, wo ich, im Sinne der Arcimboldo Metapher, auf einem eher dünnen Eis gehe.

Wozu ich nicht neige, ist, meinen Körper in der Wahrnehmung so zu zerlegen, daß ich sage, wie betrachte ich nun den Penis, wie betrachte ich nun das Auge, wie betrachte ich den Rücken, wie betrachte ich nun das Ohr, wie betrachte ich nun die Stirn, wie betrachte ich nun den Afterschließmuskel oder das Knie ... ich muß mir schon eine relativ kunstvolle Metapher, wie eben die Vorstellung der Aufgabe, ein Arcimboldo müßte das Portrait eines Menschen rein aus Tierfiguren machen, stellen, um dazu zu kommen.

Etwas anderes würde mich zu sehr an das erinnern, was in der Psychoanalyse das „Phantasma vom zerstückelten Körper" heißt. Die Vorstellung, daß wir uns nicht selber sehen können, außer im Spiegel. Nur im

Imaginären, dem das Spiegelbild ja zuzuordnen ist, uns selber visuell als Ganzheit wahrnehmen können. So sehe ich halt den Fuß, aber das Gesicht sehe ich schon wieder nicht. Und den Bauch sehe ich gut.

Es gibt diesen berühmten Film „Marquis" von Roland Topor, in dem de Sade sich mit seinem Penis unterhält, als ob er ganz etwas anderes wäre.* So etwas wie ein guter Freund, ein Zellenkumpane. Es gibt ja in Wien diesen Spruch für aufs Klo zu gehen: „Ich gehe einem guten Freund die Hand geben".[32] Das ist eine Haltung, die mir persönlich emotionell sehr fremd ist. Mein Penis ist kein guter Freund, mein Penis ist ebenso ich, wie es meine Augen oder meine Lunge oder mein Herz sind.

Genauso, wie ich davon ausgehe, daß das Gefühl des Orgasmus, bei dem der Penis in der Metapher als eine Art Liebesdiener fungiert, ja auch ein ganzheitliches Gefühl ist. Die Eichel ist zwar sicher ein Punkt, wo sich beim Mann, ebenso wie zumeist bei der Klitoris der Frau, das Lustgefühl im Prozeß der sexuellen Vereinigung zentriert. Aber sicher nicht beim Orgasmus, wo meines Erachtens die Rückenschwingungen eine starke Bedeutung haben zur Verteilung des Orgasmusgefühls im Körper. Wir wissen ja, daß ein Orgasmus, der sich auf die Penisregion konzentriert und nicht den ganzen Körper durchströmt, ein eher nicht besonders guter Orgasmus ist.

---

* Vgl. S. 27.

32 Eine bayrische Variante lautet: „Ich gehe meinem Grausigen die Fliesen zeigen."

Sexus

Wer würde zuerst an Poesie denken, wenn der Schwanz zur Sprache kommt? Als Liebesdiener steht er auch im Dienst der Phantasie. Er wäre ein banaler Stößel ohne die Träume, die das Gehirn erfüllen. Endlich sprechen die Stimmen von Frauen aus den Köpfen der Männer, wie wohl an Autoerotik, Selbstbeweis und Selbstauflösung nichts Selbstloses ist. Das Phantasma der vereinigten Körper kommt zutage. Er, der als das Zentrum der männlichen Lust, wenn nicht gar als ihre Verkörperung gilt, bekommt die Rolle eines Kontaktmoduls in eine andere Empfindungwelt zugewiesen, in der die Grenzen von Zeit und Raum verschwimmen. Doch auch derart hohe Flüge landen auf dem Boden des guten Geschmacks.

Ich habe leider gar nichts Schönes vorzuzeigen,
denn nur ein riesengroßer Penis ist mein eigen,
doch viel begehrter, trotz der andern Götter Grollen,
bei jenen Mädchen, die da wissen, was sie wollen.
Carmina Priapea[33]

Mario Wirz

Ich fasse mir oft an den Schwanz beim Schreiben. Es ist so, als würde ich mich stimulieren wollen, als würde ich die Dichtermaschine, des Dichters Hirn, anlaufen lassen wollen, indem ich auf die Taste Schwanz drücke. Und dann passiert es auch, daß meine Gedanken in sehr erotische Regionen abschweifen, und ich unterbreche den Schreibvorgang und mache mir eine geile Musik und hole mir lustvoll einen runter.

33 Kytzler (Hrsg.) 1978: 127.

Das ist dann aber auch schon die Entscheidung gewesen. Es ist nicht so, daß ich dann zu meinem Gedicht zurückkehren kann. Dann muß ich meinen Samen als Ausschüttung des Tages hinnehmen.

Manchmal erringt die Hand auf dem Papier den Sieg über die Hand am Schwanz, und die Spannung geht in die Buchstaben. Dann ejakulieren wir halt lyrisch.

Fritz Ostermayer

Am Anfang einer poetischen, romantischen Liebesbeziehung ist so viel Raffinement und Erotik im Spiel. Da eine Berührung und da ... Man weiß noch nicht einmal, ist das jetzt absichtlich oder unabsichtlich. An den Schwanz greift dir niemand unabsichtlich. Oder den Schwanz gleich auspacken, das wäre fad. Da wäre die Naivität schon verloren.

Der Schwanz kann auch Poesie haben. Zum Beispiel, wenn man in einer Frau steckt und dann lange innehält und nur hirnmäßig weitermacht. Ich weiß nicht, ob das eine Minute dauert oder länger, das Zeitgefühl schwindet ja. Eine Minute in der Frau sein und überhaupt nichts tun, das ist schon sehr lang. Buddhisten würden das vielleicht mit Gebetsmühlen gleichsetzen, oder Minimalisten mit Tranceästhetik, oder Schamanen oder Sufimusikanten mit Ritualen ihrer Musik, die am ehesten Parallelen dazu bieten. Man klinkt sich aus der Zeit aus. Man kann sich selbst verlieren. Der Schwanz ist dafür ein Katalysator. Er kann all das Lustempfinden in die Frau weiterleiten und von der Frau wieder zurück in den eigenen Kopf. Er ist ein Transmitter, irgendwie. Würde Cybersex Zwischenmenschlichkeit inkludieren, was er zur Zeit nicht tut, denn Cybersex heißt ausschließlich, ich imaginiere mir solo eine sexuelle Welt, dann könnte der Schwanz eines Tages sogar abfallen, weil der Orgasmus nur mehr im Hirn produziert wird, ohne daß es spritzt.

Aber ich denke, der Schwanz ist schon wichtig für das Imaginieren eines Aktes. In eine Frau einzudringen ist ein steigerndes Sich-Verlieren. Realitätsverlust tritt ein, wenn man mit dem Schwanz in eine Frau taucht.

Das Eindringen ist ein Vibrieren meines ganzen Schwanzes auf kleinstem Raum. In sich. Wahrscheinlich hängt das mit der Erregung zusammen, daß die Nerven pizzicato spielen. Es ist eben nicht das große Darüberziehen über die Saiten.

Längste Zeit nicht angegriffen und doch von der Frau wie ein Theremin[34] umspielt werden. Das ist auch poetisch. Ein Theremin ist ein wunderbares Musikinstrument. Es reagiert nur durch feine Handbewegungen und Luftschwingungen. Geht man mit der Hand drauf zu, wird der Ton höher, höher, höher, geht man davon weg, wird er tiefer, tiefer, tiefer. Der Klang ist heulend, er ähnelt einer singenden Säge. Der Schwanz ist wie ein Theremin, wenn er in die richtige Poesie versetzt wird.

Woran man bei Fleischgerichten und anderen Eßwaren derart denken soll: Das ist nur der Leichnam eines Fisches oder der eines Vogels oder eines Schweins ... und beim Geschlechtsakt: es ist nur die Reibung eines Gliedes und Ausscheidung von Schleim mit Zuckungen verbunden, weil solche Vorstellungen den Gegenständen wirklich ganz entsprechen und ihr Wesen durchdringen, sodaß man recht eigentlich sieht, was an ihnen ist ...
Marc Aurel[35]

Dietmar Brehm

Ich betreibe keine sehr ausgedehnte Sexualität. Ich bin da ein eher sparsamer Umgeher. Nach Martin Luther wären drei oder vier Mal pro Woche obligatorisch. Da bin ich eher radikal zurückhaltend. Einen wirklich ausgedehnten Schnacksler, das habe ich von mir nie so gekannt. Der Schwanz hat mich nie so getrieben. Und das habe ich immer angenehm empfunden gegenüber Leuten, deren Denken besessen auf den Schwanz konzentriert ist.

34 Eine Vorform des Synthesizers, die um 1924 von dem Russen Leon Theremin erfunden wurde. Mit der rechten Hand läßt sich die Tonhöhe und mit der linken die Lautstärke bestimmen.
35 Marc Aurel (121–180 n. u. Z.) 1992: 87.

Klar, wenn man 20 ist, ist man anders unterwegs. Aber ich war nie so schwanzbesetzt. Es war mir nie vordergründig wichtig. Eine gewisse Hintergründigkeit war mir immer lieber. Die war sogar stimulierender. Ich habe sehr selten gedacht, da ist eine so schöne Frau, daß man sich sofort drauflegen muß! Ich war immer froh, daß ich da eher ein Sublimierender bin. Das ist sicher angeboren.

Auch bei mir spielt sich sehr viel Sexualität ab. Im Gedanklichen. So als Gefühlsstimulanz für meine Gehirnakrobatik, aus der heraus ich die Bilder suche, die ich realisieren will. Ich spritze mir sozusagen mehr in mein Gehirn hinein, als daß ich durch den Schwanz hinausspritze, wenn man es auf so einen Nenner bringen will. Dann entspringen für mich Inspirationsquellen, die in der Verarbeitungsebene in Filmarbeit münden, oder es wird eine sexuelle Stimulanz in Malprozessen verarbeitet, ohne daß ich einen Schwanz male. Es ergibt sich oft eine erotische Zeichenhaftigkeit. In so erotischen Metaphern läuft für mich schon viel Sexualität ab. Da kann ich mich erotisch sehr ausleben in den Bildfindungen. Aber ich male deswegen keine Muschis, das möchte ich viel komplizierter und offener sehen. Denn wenn man einen Schwanz oder eine Möse malt, dann wird alles gleich eng in der Ansichtigkeit als solches. Mich interessieren aber eher diese Doppeldeutigkeiten und diese Mehrfachdeutigkeiten, wie man sie auch in meinen Filmen findet.

Auf diesem Bild zum Beispiel kann man zwar Brüste sehen, aber es kann auch der Buchstabe B sein. Oder diese Schwanzform, die daneben ist, die kann man als Schwanzform identifizieren, weil man die Brüste daneben als solche assoziieren kann. Aber es ist keine Schwanzform als solche. Ein Schwanz sieht nicht so aus, er ist nicht so gekrümmt und nicht so spitz. Obwohl das ja noch ein relativ konkretes Bild ist! Aber nur einen Schwanz zu malen und zu sagen, das ist jetzt ein erotisches Bild, das wäre mir zu simpel. Zu plakativ.

Mich interessieren der Schwanz und die Sexualität als Faktor der Inspiration. Da ist mein Ansatz am stärksten!

Das Malereiatelier, in dem wir jetzt sitzen, ist für mich auch der Raum des Selbstgespräches. Und im forciertesten Sinn ist die vorhin gebrauchte

Dietmar Brehm: „Parade“, 1998, 24 x 18 cm, Acryl/Leinwand. Abdruck mit freundlicher Genehmigung von Dietmar Brehm.

Metapher, daß ich mir ins Hirn spritze, so gemeint, auf das Äußerste ein Selbstgespräch zu betreiben, um zu reflektieren über das, was ich tue, ob das nun auf einen Punkt getrieben ist, der für mich der äußerste Punkt einer Möglichkeit ist. Ich liebe das intensivierte Selbstgespräch, aus dem dann Bilder entstehen.

Wenn ich einen Film mache, bin ich anders unterwegs als beim Malen. Da braucht man eine gewisse Crew dazu und Apparaturen und Leute, die die Apparaturen bedienen. Das ist eine andere Kommunikationsebene. Aber wenn ich einen Film abgeschlossen habe, freue ich mich, wenn ich wieder ins Malereiatelier gehe und aufs äußerste mit mir selber zum Reden anfange. Ich will jetzt nicht von „ins Hirn wichsen" reden, aber irgendwo läßt sich das darauf hin benennen.

Aber das sind so Phänomene, für die gibt es keine adäquaten Begriffe. Wenn man sie in Wörter einkleidet, klingen sie viel zu schnell banal. Dann sagt man eben „hirnwichsen".

Aber wenn man nach innen spricht, dann ist das etwas anderes, als wenn man die Wörter nach außen spricht. Es liegt eine gewisse Kompliziertheit in der Benennung der Faktoren. Das innere Sprechen läßt sich nicht nach außen transformieren. Das kann schnell falsch parfümiert sein, dadurch, daß man es zu sehr benennt. Manche Sachen sind viel stärker in der Gefühlsebene, in der Unbenennbarkeitsebene, als wenn man hergeht und sagt, so ist es.

Leo Lukas

Es gibt einen Cartoon von Erich Rauschenbach, eigentlich zwei Zeichnungen. Die eine trägt den Titel „Die erogenen Zonen der Frau". Da sind so zwanzig, dreißig Punkte am Körper markiert und numeriert, Schultern, Achseln, Nasen, Ohren bis hin zu den Geschlechtsorganen. Und daneben sind „Die erogenen Zonen des Mannes", auch so zwanzig, dreißig Ziffern, alle mit Pfeilen, und alle weisen auf den Schwanz hin. Das ist zwar Satire, aber tendenziell ist da schon was dran.

Ich glaube, daß für mich als Mann der Schwanz zentraler ist als die Muschi für eine Frau. Zumindest haben Frauen mir das gesagt. Ich glaube, daß ich ein sehr zärtlicher Mann bin, nicht nur, weil es der Frau gefällt, sondern weil es auch mir selbst gefällt und ich Zärtlichkeiten davor und danach und dazwischen sehr liebe und genieße, nicht nur die pure Hineinrammlerei. Aber trotzdem: Obwohl ich mich als einen sehr umfassend und ganzheitlich das ganze Drumherum sehr schön und gerne lebenden Mann empfinde, haben auch mir Frauen schon vorgeworfen, es sei alles an mir nur auf den Schwanz fixiert.

Allerdings gibt es auch Frauen, die empfinden es als persönliche Beleidigung, wenn du nicht zwei Sekunden, nachdem du dich zu ihnen ins Bett gelegt hast, einen Steifen hast. Und es gibt auf der anderen Seite Frauen, die fühlen sich unheimlich bedroht, wenn du ihnen mit einer Erektion hintennachhirschst. Die wollen eher, daß du, wenn du eindringst in sie, noch gar nicht voll erigiert bist. Ich kann, grad in der Phase, wenn ich einen Halbsteifen hab, irrsinnige Wonneschauer haben. Wenn du die Fettheit spürst, das Blut, aber es ist noch nicht so richtig prall da, sondern es steigt so langsam. Das kann auch ganz toll sein.

Mit dem Eindringen der Ruthe in die Scheide und der Reibung beider, welche durch fortgesetzte Bewegungen des Mannes nach hinten und oben hervorgerufen wird, steigt dann die Wollustbegierde aufs Höchste und verursacht eine allgemeine Aufregung; das Herz pulsiert lebhafter, die Lunge atmet schneller, das Gesicht wird heiß, die Muskeln des Rumpfes und der Gliedmaßen erhöhen instinktartig das unmittelbare Aneinanderhaften, die Gesichts- und Zungenmuskeln bewegen sich, der Schweiß bricht auf der ganzen Körperoberfläche hervor, die Sinnesorgane versagen ihren Dienst und bei an sich schon leicht erregbaren Constitutionen tritt mitunter sogar ein ohnmächtiger Zustand ein.
Dr. Karl Weißbrodt[36]

36 Weißbrodt 1881: 44f.

Franzobel

Ich kann mir durchaus vorstellen, ich kenne das von meiner Pubertät, daß es Situationen gibt, in denen man sein ganzes Denken nur noch darauf konzentriert, wie kann ich jetzt diesen blöden Schwanz in irgendeine Frau hineinstecken. Wenn man in einer funktionierenden Beziehung lebt, wie es bei mir der Fall ist, dann kommt es nie zum Problem des Triebstaus. Da müßte ich sehr weit zurückdenken, daß ich das nachvollziehen könnte.

Es geht bei der Erotik und der Lust nicht um irgendein Abspritzen oder so, sondern darum, über die körperliche Lust geistig irgendwo hinzukommen. Zurück in eine Art Paradies, eine Möglichkeit, als Selbst nicht mehr selbst zu sein. Geborgen und aufgelöst zugleich. Vielleicht. Das Onanieren ist ab einem gewissen Zeitpunkt ja vielleicht nur Selbstberuhigung. So ein kurzer Selbstbeweis. Oder als Beweis, daß man existiert und noch etwas anderes produzieren kann außer Scheiße, Urin und Pickel und Hornhaut.

Man kennt ja das Gefühl, wie schnell in der männlichen Sexualität die Ernüchterung kommt. In einem Uralt-„Pardon“ ist der Penis als Weihnachtsbaum karikiert, der zuerst aufblüht mit allen Lichtern und nachher völlig verrottet und verfällt. Er wird so richtig braun, die Nadeln fallen ab. So ähnlich ist es auch im Mann. Der Trieb steigert sich und steigert sich, und wenn er vorbei ist, ist er vorbei und vorbei und spielt auch keine Rolle mehr. Es kommt zur Ernüchterung, zum Kater. Man hat kurz das Gefühl, man wird beobachtet von einer äußeren Instanz.

Was die Onanie anlangt, habe ich, wahrscheinlich wie viele andere auch, immer große Angst gehabt, erwischt zu werden. Und dieser Moment des Katers, wenn die Lust dann vorbei ist, ist ein Moment des sich selbst Ertappens. Man ertappt sich, daß man irgendwo weiße Flecken hingemacht hat. Die muß man wegwischen. Und das ist lästig. Gleichzeitig hat die Situation etwas Beruhigtes, wie wenn man gerade etwas Gutes gegessen hätte, und man ist nun satt und kann sich anderen Dingen zuwenden. Vielleicht ist der Beginn der Philosophie der, daß man ausgeschlafen ist, gefressen hat und Triebabfuhr erlebt hat und dann halt irgendwie zu denken anfängt. Was mache ich jetzt?

Ein gewisser Triebstau kann natürlich auch förderlich sein für die Kreativität. Aber der braucht gerade beim Mann irgendwann einmal eine Abfuhr. Es gibt nicht umsonst diesen unkontrollierten Samenausstoß, die Pollutionen.

Ich habe ein Buch geschrieben, das heißt „Überin die Gosche", das sich damit auseinandersetzt, daß in der ganzen pornographischen Mainstreamliteratur die Frau am Ende der Geschichte den Samen des Mannes in ihrem Gesicht findet. Das hat für mich immer was Irritierendes gehabt. Auch durchaus was Lustvolles, das mag ich gar nicht abstreiten. Aber dennoch hat´s mich auch anders berührt.

Ich glaube nicht, daß es in meinem Denken eine Rolle spielt, daß der Samen genetische Erbmasse meiner selbst in sich birgt und potentiell Leben hervorrufen könnte. Das ist etwas völlig Abstraktes. Es ist die gleiche Art von Wissen wie irgendeine Energiegleichung oder irgendeine andere Formel.

Mich hat der Samen immer an Camembert erinnert, an flüssigen. Vom Geruch und der Konsistenz her. Vielleicht kommt daher die Bezeichnung „französisch". Er ist eine Masse, Masse ist übertrieben, manchmal sind es ein paar Spritzer, Tropfen, eine Quantität von Flüssigkeit, groß oder klein, die im Moment der höchsten Penislust dann ankommt. Oder ausgeschieden wird. Vielleicht kommt er auch an, um wo anzukommen. Es kommt darauf an.

Um auf das Weihnachtsbaumgleichnis zurückzukommen: Vielleicht ist das so ähnlich wie mit dem Christkind. Man freut sich das ganze Jahr über auf Weihnachten, und dann kommt das Christkind, man sieht es nicht, es schaut nach nichts aus und man kriegt die Geschenke, und alles ist vorbei.

Der kalte Bauer liegt besoffen herum.

Georg-Philipp

Ich habe schon onaniert, als nix rausgekommen ist. Das war lustig. Es gab immer ganz wilde Zuckungen, wenn man auf der Bettkante gesessen ist. Man ist aufgeschnellt, es hat einen richtig weggezuckt.

Ich habe damals nicht gedacht, es müsse jetzt etwas kommen. Später habe ich sehr intensiv onaniert, als mir das ein Mitschüler gezeigt hat. Das war das erste und einzige Mal, daß ich zu zweit onaniert habe. Schon jeder für sich, aber eben nebeneinander. Viele Freunde erzählen, daß sie Massenwichsereien erlebt haben in ihrer Schulzeit. Das hätte ich nie gesucht. Dann habe ich immer gebieselt [gepinkelt]. Im Nachhinein war's ja immer noch feucht und dann habe ich onaniert über dieses bißchen Pisse, das dann da noch war. Das ist mir bis heute geblieben: das Riechen an den Fingern, an der Hand, am Sperma, an der Pisse. Ich war auch sehr lange Bettnässer, also die Pisse oder der Biesel .... da habe ich jetzt auch wieder das Problem, wie hart oder wie unhart sag ich das, das ist auch was sehr Liebes.

Irgendwann ist dann auch der Samen oder das Sperma rausgekommen. Das war ein schönes Gefühl! Aber dadurch, daß ich es unwillkürlich mit der Pisse aufgebaut hab, waren das Feuchte und der schmierige Geruch nicht so neu für mich.

Lustig ist, daß ich nie onaniert habe mit Naßtüchern. Ich habe jeden Abend meine Pyjamahosen voll gemacht oder auch in meine Unterhosen hinein. Ich wußte natürlich, daß meine Mutter das gewaschen hat. Aber ich kam nicht darauf, daß mich das gestört hätte. Meine Mutter war auch die erste, der ich meinen Steifen gezeigt hab. Freud und so! Da wußte ich aber noch nichts vom Onanieren. Diese Schamgeschichten kamen erst später. Wenn man mit einer Frau geschlafen hat und eine Freundin hat, da wird man zunächst vielleicht schamhafter. Auch beim Onanieren. Die Vorfreude versteckt sich hinter Gewissensbissen. Ich meine, ich werde gleich ausgezeichnet und andere nicht. Ich denke an andere, wenn ich an mich denken soll. Vielleicht will ich auch an anderes denken, so G´schamiges [Scham] aufbauen.

Ich hab's in meiner ersten Beziehung nie mit Parisern gemacht. Und da ich auch beim Onanieren nie in ein Tuch gemacht hab, war das Spermienzeugsel nie so faßbar als Größe.

Genauso, wie man einen Schwanz, wenn er steif ist, größenmäßig mit anderen vergleicht, so würde man das auch mit der Menge des Spermas tun. Dann irgendwann, als ich eine andere Beziehung hatte und wir es mit Präservativen gemacht haben, da habe ich dann schon angefangen, das Ejakulat nachher anzuschauen. Da hätte ich mir natürlich gewünscht, daß der Gummi bis obenhin voll gewesen wär.

Ich habe sicher den Wunsch, viel Sperma zu haben. Nachdem sich der Schwanz wieder sehr peinlich davongemacht hat, soll dieses Loch noch ein bißchen gestopft bleiben. Nachdem der gute Zipfel sich wieder in sich hineinverkrümmt und man armseliger als zuvor dasteht vor einer Frau, will man noch etwas hinterlassen. Ein anständiges Erbe.

Es ist ja so, daß man meistens nachher, zumindest ich, nicht gleich wieder kann. Es geht zwar relativ schnell bei mir, habe ich mir sagen lassen, aber es ist nicht dasselbe. Das erste ist das entscheidende Mal im Sinn von Quantum, das da herauskommt. Der Schwanz verkrümmt sich wieder in sich zusammen, er schrumpft, wirkt vielleicht darum armselig auch. Armselig, arm an Seele! Seele ist ja wahrscheinlich auch im Schwanz, wenn sie irgendwo ist. Er ist ja nicht mehr geladen! Und dann ist man einsam. Ich will mich da jetzt nicht als Platoniker outen, aber man ist nachher ganz extrem auf sich selber beschränkt und isoliert. Weil ja letztlich niemand mehr was von einem will. Man hat ja dann eigentlich nichts mehr zu geben. Die Frau sieht sich da in einer anderen Situation, die kann wieder geben, wieder nehmen eigentlich.

Ich bin sicher gern ein Mann, weil ich lieber in der Position bin, der schenkt, weil ich ja etwas loswerde und die Frau empfängt etwas. Ich will jetzt nicht zu sehr in diese Ecke abdriften vom Schwert und von der Scheide. Ich fühle mich einfach, wenn ich geladen bin, möglich, und wenn ich ungeladen bin, unmöglich.

Potent ist gleich mächtig, impotent ist gleich ohnmächtig. Möglich, unmöglich ist mir vielleicht lieber, das ist breiter und doch genauer als Macht.

Rinaldo

Wie ich meinen Schwanz als Kind entdeckt hab, kann ich jetzt schlecht sagen. Ich kann mich nur daran erinnern, wie ich meine erste Erektion und einen Orgasmus hatte. Nach meinem ersten Abspritzen dachte ich, ich sei krank. Ich dachte, dieser Ausfluß sei etwas Krankes. Ich habe meine Mutter gefragt und ihr beschrieben, was passiert ist, und sie gefragt: „Ist das schlimm?" Sie hat nur gelacht und gesagt, das sei ganz normal.

Ich war elf und krank. Es war Hochsommer und ich lag im Bett. Da merkte ich, daß mein Schwanz steif war. Das war ein aufregendes Gefühl, das ich nicht kannte. Ich war fasziniert und erschrocken zugleich, weil ich ja dachte, ich sei krank. Man kennt ja Pisse, und auf einmal kommt da eine andere Art Flüssigkeit.

So war das bei mir. Ich finde ganz faszinierend, was mein Freund darüber erzählte: Er hat von klein auf mit seinem Schwanz gespielt. Bei ihm ist es ein gleitender Übergang bis zum Abspritzen gewesen. Nicht wie bei mir, daß es plötzlich und überraschend kam und ich heute noch den genauen Tag weiß, sondern bei ihm ist schon in der Kindheit etwas rausgekommen. Das ist dann immer mehr geworden, bis es ein richtiger Samenerguß war.

Zu der Zeit beschäftigte ich mich fast ausschließlich mit Büchern über Indianer. Ich las, daß für die Mayas das Blut aus dem Schwanz heilig war. Es galt als das kostbarste Blut überhaupt auf der Welt. Um bestimmte Dinge zu erreichen, haben sie sich mit Kakteendornen in den Schwanz gestochen, damit Blut kam. Das Blut wurde dann an die Götterstatuen geschmiert. Es galt als besonders energiegeladen und Leben bringend.

Sie hatten auch andere Zeremonien mit ihren Schwänzen, im Grunde so etwas Ähnliches wie Piercing. Manchmal haben sie das auch bei mehreren Männer gleichzeitig gemacht und mit einer Schnur alle miteinander verbunden und dann gemeinsam im Kreis getanzt. Das hat mich stark beeindruckt.

Als ich zum ersten Mal von Piercing hörte, fand ich das sehr aufregend. Vor zwei Jahren habe ich mir dann in New York einen Prinz Albert

Ring machen lassen. Der geht durch die Harnröhrenöffnung rein und durch die Unterseite des Schwanzes wieder raus.

Ich stellte dann fest, daß manche meiner Sexpartner das abstoßend fanden und gar nicht mehr Sex mit mir haben wollten. Andere fanden ihn dagegen besonders interessant. Ich habe ihn mir dann nach einem halben Jahr rausgenommen, weil mir die Sache zu kompliziert wurde.

In meinem Freund habe ich einen Menschen gefunden, der ähnlich von Schwänzen fasziniert ist wie ich. Er ist so absolut sexbesessen wie ich und hatte früher auch ein Piercing. Irgendwann kamen wir auf die Idee, daß es doch toll wäre, so etwas zusammen zu machen. Das ist so wie ein gemeinsamer Ring, den man trägt. Nur daß man ihn eben am Schwanz hat und nicht im Ohr oder als Fingerring. Vor zwei Wochen haben wir es uns hier in Berlin machen lassen. Es ist ein sehr heftiger Schmerz. Er dauert eine Sekunde. Aber diese eine Sekunde ist er wirklich extrem. Aber damit ist auch schon wieder Schluß. Man merkt kaum was danach. Den Ring muß man dann ein halbes Jahr drinlassen, damit die Wunde richtig verheilt. Danach kann man ihn rausnehmen, wenn man will. Das Gefühl ist für mich dadurch verändert, weil der Ring ja an der empfindlichsten Stelle sitzt, und die ist dadurch zusätzlich gereizt. An der Stelle der Eichel sind ja besonders viele Nervenenden. Sonst wär's ja nicht so sensibel. Das Piercing hat meine Erektion verändert. Vor dem Orgasmus wird mein Schwanz jetzt so hart, daß es fast weh tut. Das war früher nicht so.

Warum tritt die Erektion und Schwellung des Schamgliedes ein?
*(1) Doch wohl aus zwei Gründen: einmal weil die Stelle hinter den Hoden schwer wird und deshalb (das Schamglied) hochgehoben wird – denn die Hoden werden dabei zum Hebelstützpunkt – und weil die Kanäle mit Luft gefüllt sind. (2) Oder: Wenn die Feuchtigkeit anschwillt und ihre Lage ändert oder wenn aus Feuchtigkeit (Samen) entsteht, wird der Umfang (des Schamgliedes) größer. Die allzu großen aber heben sich weniger hoch, weil das Gewicht zu weit vom Stützpunkt des Hebels entfernt ist.**

* Aristoteles (384–322 v. u. Z.) 1962: IV, 879 a, 15ff. (Becker).

Karl L.

Ich bin Satyrist. Klar, das Zentrum meines Lebens sind die Weiber. Und der Schwanz ist zwangsläufig ein Mittler. Ohne den geht es irgendwie nicht. Wenn mich jemand vor die Alternative stellen würde, ich müßte die Frauen oder die Musik lassen, dann würde ich wahrscheinlich die Musik lassen. Ein altes russisches Sprichwort sagt, man kann niemals mit allen Frauen auf dieser Welt schlafen, aber man soll es zumindest probieren. So weit geht es bei mir nicht.

Ich weiß nicht, ob das jetzt nicht vermessen ist, aber ich bin, glaube ich, da schon mit elf draufgekommen. Mit Beginn der Pubertät hatte ich Spaß am Onanieren und Spaß an Vorstellungen mit Mädchen. Nur meine eigene Schüchternheit, mein Gehirn, hat mich gehindert, dem hemmungslos nachzugehen. Sonst hätte ich mich mein ganzes Leben ausschließlich mit Weibern beschäftigt. Das kann ich deshalb nicht, weil ich andere Ansprüche an Frauen hab. Schlecht riechende Frauen, dumme Frauen, unsensible Frauen interessieren mich nicht.

Ich habe trotzdem unheimlich viel Zeit meines Lebens mit Frauen verbracht. Aber ich war nie in meinem Leben sexuell von Frauen abhängig. Ich habe zu meiner Sexualität eine Diogeneseinstellung. Ich war immer ein Autoerotiker. Unheimlich viele Männer haben große Schwierigkeiten zu onanieren, weil sie sagen, das tut ein erwachsener Mann nicht. Das habe ich nie gehabt in meinem Leben. Auch in Zeiten, wenn ich eine sehr intensive sexuelle Beziehung zu einer Frau hab, möchte ich das Onanieren nicht missen. Ich brauche Frauen nicht, um meine Sexualität zu befriedigen. Ich brauche Frauen nicht als Onaniergefäß.

Sex mit einer Frau und Sex mit mir, das sind für mich zwei völlig verschiedene Paar Schuhe. Bei Frauen interessiert mich viel mehr. Ich muß zuerst eine Geschichte im Kopf haben. Auch bei den Huren früher hat mich nie interessiert, ihnen den Schwanz hineinzustecken und einfach abzuspritzen, weil das kann ich allein viel besser. Ich hab in meinem Leben nie eine Frau kennengelernt, die mich so angegriffen hat, wie ich mich angreife. Aber um das geht es nicht. Es geht um den Traum! So wie

Griechische Darstellung eines kopulierenden Paars auf einem Teller.

der Helmut Qualtinger gesagt hat: „A bisserl is immer des Herz dabei!" Wenn ich einer Frau den Schwanz hineinstecke, muß ich das Gefühl haben, daß ich ihn ihr auch ins Hirn hineinstecke.

Meine autoerotische Beziehung ist eher eine haptische als eine optische. Es gibt schönere Schwänze, es gibt schiachere [häßlichere], und ich habe keinen Grund, mit ihm zu hadern. Mein Schwanz hat sich in meinem Leben so verändert, wie auch ich mich verändert hab. Ich hab als junger Mann einen schönen, glatten, jungen Schwanz gehabt, und jetzt hab ich, wie Bukowski einmal gesagt hat, einen knorrigen alten Kämpfer. Der altert mit mir in Würde, und er hat dieselben Kampfspuren, wie ich sie auch im Gesicht habe. Weiß du, wie die Waden von Männern aussehen, die dreißig Jahre radelfahren? Die haben kräftige muskulöse Waden, aber die sind schon ein bißchen mit Adern durchzogen, aber die fahren immer noch den Berg hinauf. So ähnlich könnte ich das beschreiben.

Ich habe jetzt zum ersten Mal in meinem Leben seit fast zwei Jahren eine monogame Beziehung zu einer Frau, die um fast dreißig Jahre jünger ist als ich. Da taucht, abgesehen vom Schwanz, das Problem auf, daß ich anfange, an mir Altersspuren zu suchen und auch zu finden. Zum Glück ist das eine ganz tolle Frau. Sie sagt, Alter, vergiß es, du wirst einfach kein Zwanzigjähriger mehr und das ist auch gar nicht notwendig, denn mit Zwanzigjährigen habe ich sowieso nichts am Hut.

Es wäre gelogen, wenn ich sage, ich habe nie ein Problem mit meinem Älterwerden. Das ist einfach nicht toll. Aber um wieder auf den Schwanz zurückzukommen: Ein Schwanz, der seit vierzig Jahren im Dauergebrauch steht, der kann schon ein paar Spuren mit sich tragen. Es gibt Frauen die goutieren das und finden das auch toll. Und wenn eine Frau nur auf einen Schwanz von einem Jugendlichen steht, dann kommt die eh nicht zu mir, weil die längst, bevor sie meinen Schwanz zu Gesicht kriegt, die Spuren schon in meinem Gesicht sieht.

Wir wachsen alle auf mit dem Syndrom, daß eine Frau nur auf ganz große Schwänze steht. Was ein absoluter Blödsinn ist! Denn es gibt unheimlich viele Frauen, denen ein Riesenschwanz unheimlich weh tut. Und das hat auch nichts mit der Größe der Frau zu tun. Es gibt Frauen, die sind einen Meter fünfzig groß, und die saugen sich solche Riesenrohre hinein. Und es gibt Frauen von einem Meter achtzig, die sagen, bitte nicht so tief, das tut mir weh.

Mir hat einmal eine Hure eine schöne Geschichte erzählt: Es gab in Wien einen jüdischen Schneider, einen verkrüppelten, einen Zwerg mit einem Buckel. Der hat einen riesigen Schwanz gehabt. Der hat in Wien nie eine Hure gefunden, die ihn pudern hätte lassen, weil das so weh getan hat. Und diese Hure hat dann zu ihm gesagt, naja, blasen kann ich dir ja einen, und er hat geantwortet: „Blasen kann i ma 'n selber!“

Sie beugte sich vor und nahm seinen kleinen, erschlafften Penis in den Mund. Mit einer Hand berührte sie seine Hoden, mit der anderen bewegte sie seinen Schwanz hin und her, umschloß ihn und rieb ihn sanft. Sie rutschte näher, nahm den Penis und führte ihn zwischen ihre Beine. Behutsam rieb sie ihn an ihrer Klitoris, immer wieder. Louis beobachtete ihre Hand; er dachte, wie schön sie doch sei, die den Penis hielt, als wäre er eine Blume.
Anaïs Nin[37]

Manfred Chobot

Zu einem stattlichen Organ gehört jedenfalls eine gewisse Erektionsbereitschaft und Größe, wobei Er nicht allzu groß sein soll. Manchen Frauen soll das Probleme bereiten. Hat man mir gesagt, aber ich kann es nicht überprüfen. Jedenfalls eine gewisse Größe ist schon erforderlich.

Bei der Erektion ist außerdem eine gewisse Dauer vonnöten. Es ist immer arg, wenn Er dir nach dem Orgasmus gleich zusammenfällt. Mir hat einmal jemand erzählt, daß er immer eine Salbe verwendet, damit Er ihm länger steht. Das halte ich für recht mühsam. Da gibt es irgendwelche Durchblutungssalben, die schmierst du dir aufs Zumpferl und dann steht es länger oder so irgendwie. Völlig abgehoben! So etwas würde ich höchstens ein Mal zur Gaudi ausprobieren. In der Art, wie ich in China eine Schlange koste. Jedoch in den Speiseplan zu Hause wird sie nicht aufgenommen.

Dieser komische Euphemismus: Manneskraft. Da ist nie ein Muskel gemeint, nicht das, was man unter den Ärmeln hat oder an den Haxen, sondern ein Schwellkörper. Er ist ein ganz nützlich Ding, ein sehr brauchbarer Körperteil.

Aber manchmal ist der Schwanz auch lähmend, das muß man schon auch dazu sagen. Unsereins ist immer damit beschäftigt, daß Er erigiert. Frauen haben es da viel einfacher. Die können leicht blöd daherreden,

37 Nin o.J.: 17

sagen, ach, ihr dämlichen Hunde, ihr mit eurem Schwanz. Aber so einfach möchte ich es auch einmal haben. Beim Mann ist durch die Erektion alles sichtbar. Als Mann bist du den Zwängen und Beschränkungen deines Schwanzes viel mehr ausgesetzt. Beim Mann liegen die sexuellen Bedürfnisse und die fehlenden Bedürfnisse blanker da. Die sind direkt mit dem Schwanz verknüpft in Form von Erektion oder Nicht-Erektion. Und Er ist auch durch den Samenerguß klar sichtbar und nachvollziehbar und auch „kontrollierbar".

Karl L.

Potenz spielt immer eine Rolle, und je älter du wirst, desto mehr. Man wird als Mann fixiert auf die Rolle des Potenten. Potent sein heißt, daß du ohne Probleme Erektionen hast.

Was ich jetzt sage, sage ich als fünfzigjähriger Mann. Wenn ich mit dreißig oder fünfundzwanzig Erektionsprobleme gehabt hätte, hätte ich darunter gelitten. Oder ich kann mir vorstellen, daß Männer, die unter Mikrophallie leiden, schon ein Problem haben. Ich hab Männer kennengelernt, die eine panische Angst haben, sich vor Frauen auszuziehen, weil sie sich für ihren kleinen Schwanz geniert haben.

Das Lustige ist ja, daß auch Frauen einen Schwanzstreß haben. Man sagt zwar immer wieder, die Frauen werden von diesen Männern verfolgt und alle wollen ihnen nur den Schwanz hineinstecken. Nur, wenn du zu einer Frau sagst, du willst ihn ihr überhaupt nicht hineinstecken, dann kriegt sie auch einen Streß.

Ich hab unheimliches Glück gehabt in meinem Leben. Aus irgendeinem Grund haben mich die Frauen durch mein Leben getragen, um es einmal so dramatisch auszudrücken. Und was mich davor gerettet hat, mich zu Tode zu pudern, war, daß ich schüchtern bin. Wenn ich schlechtere Frauenbeziehungen gehabt hätte, dann würde ich das haben, was ich aus Erzählungen von vielen Männern kenne: die Angst vor Impotenz und die Angst vor Versagen. Ich kann heute eine Nacht mit einer Frau verbringen, ohne eine Erektion zu kriegen und ohne das Gefühl, eine kriegen zu müssen. Ich bin draufgekommen, daß ich immer eine Erektion hab, wenn alles stimmt. Ich habe Nächte verbracht mit wunderschönen Frauen und war völlig unfähig, mit denen zu schlafen. Aber ich wäre nie auf die Idee gekommen, zu denken, jetzt wär ich impotent.

Wenn ich mit meinem Schwanz so reden könnte wie der Marquis in dem Film von Roland Topor, in dem der Schwanz als Partner auftritt, das würde ich nicht schlecht finden. Wenn er sich mit mir unterhalten täte und wir unser langes gemeinsames Leben miteinander besprechen könnten. Ich würde mit ihm dieselben Gespräche führen wie mit jemandem, mit dem man durch das Leben geht. Ich würde versuchen, ihm zu erklären, warum ich so bin, wie ich bin, und warum er das gefälligst zur Kenntnis zu nehmen hat.

Aber ich glaube nicht, daß er mir vorwerfen würde, daß ich ihm zu viel zugemutet hab! Obwohl es schon Situationen gegeben hat, in denen ich ihn zwangsbeglücken mußte, um meine Eitelkeit zu befriedigen. Überhaupt keine Frage. Da hätte ich, wenn ich mit ihm gesprochen hätte, gesagt, du, Alter, du mußt das jetzt tun, du kannst mich nicht so blamieren.

Das tu ich zum Beispiel heute nicht mehr. Ich hab nicht mehr das Gefühl, etwas zu versäumen, ich hab nicht mehr das Gefühl, eine Frau ins Bett zerren zu müssen, um leiwand zu sein.

Der Schwanz ist für mich in der Beziehung zu einer Frau ein Teil einer Gesamtgeschichte. Ich bin ein unheimlicher Haptiker. Ich kann mit keiner Frau schlafen, die ich nicht auch angreifen kann. Für mich sind meine Hände ein genauso wichtiges Sexualorgan wie mein Schwanz.

Der Geruch spielt wahrscheinlich eine noch wichtigere Rolle. Ich hatte einmal eine ganz ganz tolle Frau. Auf die bin ich unheimlich gestanden. Die hatte einen tollen Körper, aber ich konnte ihren Geruch nicht ertragen. Darüber bin ich nie hinweggekommen. Ich hab mich von dieser Frau auch trennen müssen. Ich bin nach wie vor mit ihr befreundet, aber ich könnte nie wirklich mit ihr schlafen. Das ist so weit gegangen damals, daß ich meinen Körper so betrogen hab, daß ich krank geworden bin. Dauernd Stirnhöhlengeschichten, einen Dauerschnupfen.

Um auf den Schwanz zurückzukommen: Sartre hat einmal gesagt, eigentlich war ich mehr Frauenmasturbierer als Liebhaber, weil er unheimlichen Spaß gehabt hat, Frauen zu streicheln oder zu schlecken. Das ist auch toll, ohne das möchte ich nicht leben. Aber darauf könnte ich es nicht reduzieren. Und ich habe die Erfahrung gemacht, daß die meisten Frauen das auch nicht wollen. Irgendwann kommt der Schwanz auch ins Spiel, und dann ist es ein ganz ein gutes Gefühl, wenn er dabei ein kongenialer Partner ist.

Ich drück's literarisch aus: Die österreichische Schriftstellerin Dorothea Zeemann, die die Geliebte von Heimito von Doderer war und mit 90 Jahren vor ein paar Jahren gestorben ist, hat einmal gesagt: „Es ist nicht unbedingt nötig, daß mich ein Mann liebt, aber er soll mir zumindest die Referenz einer anständigen Erektion erweisen."

Das meine ich mit kongenialem Partner, und ich finde es beruhigend, wenn ich auf eine Frau steh und auf sie geil bin, daß ich ihr mit einer brauchbaren Erektion eine Referenz erweisen kann.

Es schlägt immerzu, im Rhythmus des Herzens aufzuckend. Durch die feine Haut, die es bedeckt, ist das weite dunkle Netz des Blutes zu sehen. Es ist voller Lust, von mehr Lust erfüllt, als es zu halten vermag, und sich selber derart eng ist es so geworden, daß man zögert, die Hand darauf zu legen.
Marguerite Duras[38]

Rolf Schwendter

Der Penis wird gelegentlich metaphorisch als Liebesdiener bezeichnet. Aber eben als Diener und nicht als Herr.

38 Duras in: Kinder 1994: 20.

Ich denke schon, daß er vom Hirn den unbewußten Auftrag erhalten muß, zu erigieren. Wenn das Hirn, wenn das Unbewußte dieser Meinung nicht ist, kann der Penis schlecht dienen. So sieht es aus.

Wenn ich von „Auftrag“ spreche, so ist das natürlich eine Metapher. Das Gehirn ist nicht organisiert wie das Bundesheer.

Wie dieser Befehl lautet, kann ich nicht mit der gebotenen Präzision sagen, weil ja, wie bei Freud nachzulesen ist oder bei Reich, weil das ja weitgehend unbewußte Prozesse sind. Vor allem die Auftragsverweigerung ist ja sehr stark ein unbewußter Prozeß.

Ich bin in der Psychoanalyse sehr stark orientiert an den Theorien von Jacques Lacan. Es wäre einmal lohnend, die Sexualtheorien von Wilhelm Reich, insbesondere die Funktion des Orgasmus, zu reflektieren in den Kategorien von Lacan. Sicher spielt in der ganzen Sexualität das Imaginäre, das Herstellen von Phantasiebildern und das Symbolische, also die Zeichenordnung, die Versprachlichung der Phantasiebilder eine zentrale Rolle. Der Orgasmus selbst glückt im allgemeinen aber dann, wenn in diesen Momenten das Imaginäre wie das Symbolische abgestreift wird zugunsten des Realen, des nicht mehr Versprachlichten und nicht mehr Versprachlichbaren. Ein Orgasmus ist im allgemeinen nur dann ein guter Orgasmus, wenn in unserem Falle der Mann an nichts anderes mehr denkt. Wenn das Denken und die Zeit kurz stillsteht. Zumindest in der subjektiven Wahrnehmung.

In meinem Alter ist es eher selten, daß ich vor lauter Lust völlig außer mir bin, daß ich mich völlig auflöse. Aber ich kannte das Gefühl früher. Es gibt von der Simone de Beauvoir dieses schöne Wort: Im Alter ist der Orgasmus wie ein Versickern. Ich würde das so stark nicht sagen, ich weiß auch nicht, in welchem Alter die Simone de Beauvoir das geschrieben hat, aber das Wegfliegen wird schwächer.

Worauf ich aber schon insistieren würde, ist, daß die Zeit stehen bleibt. Der Saarbrückener Philosoph Manfred Gieß hat einmal bei einem Zeitsymposion eine Rede gehalten über die beiden Zeitbegriffe Chronos und Aion. Chronos ist die mechanische Zeit, die meßbar ist, und Aion, das Äon, wie wir heute sagen und wie in der Goethezeit schon gesagt worden ist, jene, die kein Moment linearer Zeit hat. Die entsteht, die unendlich ist, die stehen bleibt. Wir haben sicher das Gefühl, daß die Zeit stehen bleibt, daß wir uns in Äonen befinden beim Orgasmus.

Gleichzeitig aus der Sicht des Chronos stoppen irgendwelche Verhaltensforscher, daß es sechs Sekunden dauert, manche sagen drei, da können sie sich streiten, ob es drei Sekunden sind, sechs oder gar zehn ... Ich glaube, daß der Stillstand der Zeit ein zentrales Moment des Orgasmuserlebens ist.

Franzobel

Wenn es rein um das Peniseintauchen geht, dann ist es vielleicht so, wie mit einer Hand in eine große Frucht einzutauchen, in eine große, warme Marille, einen Marillenknödel. Aber das richtige Eintauchen wird ja wieder ganzkörperlich, das ist ja auch ein Eintauchen mit der Zunge, mit der Brust. Und letztlich auch mit den Zehen wahrscheinlich.

Letztlich ist das etwas sehr Gespanntes, bis in das letzte Glied, das irgendwo die Lust aus der Seele preßt.

Ich weiß auch nicht, woran ich immer denke, wenn das passiert. Aber vielleicht denkt man im schönsten Fall einmal nicht, während man doch sonst immer denkt.

Es kommt natürlich auch drauf an, wie die Frau ist. Aber das Gefühl des Eintauchens hat für mich schon etwas mit Meer zu tun. So platt das Bild auch ist. Mit Welle, je nachdem, ob man nur einen Zeh reinhält oder gleich reinspringt oder gleich hineintaucht oder hineinläuft oder sich einfach zuerst mal anfeuchten läßt.

Mario Wirz

Der Schwanz ist der Kontaktstecker zu einer Welt, die außerhalb der Sagbarkeit liegt. Ich kann versuchen, diese Welt zu präzisieren. Aber immer in dem Bewußtsein, sie ist nicht zu präzisieren. Sie ist so wie eine Droge unter der Haut, wie ein Rauschgift im Blut.

Jeder von uns ist ein armes, malträtiertes Opfer einer bürgerlichen Kindheit und Jugend. Wir sind terrorisiert von der Unerotik, der Antisinnlichkeit von Couchgarnituren, geblümten Tapeten, Hirschgeweihen, verklemmten Gesprächen über Themen, die etwas mit Körper und Sexualität zu tun haben. Es gibt einen Terror der Unsinnlichkeit. Dazu steht die Flut von Pornographie und scheinbar lockerer Körperdarstellung nicht im Widerspruch.

Der Schwanz als Bindeglied, als Schlüssel, der in eine andere Welt führt, ist erst der Versuch eines gedachten, geträumten Ausbruchs aus dieser unsinnlichen Welt in eine andere Welt, die das Aroma von Unbürgerlichkeit hat.

In dieser erotischen, sexualisierten Welt gibt es keine Vokabeln wie Rentenversicherung, Steuerbeiträge, Mietschulden. Die Gestalten, mit denen wir es dann treiben wollen, sind Männer, um jetzt einmal in meiner schwulen Phantasie zu bleiben, die keine Mietschulden haben, keine Rentenversicherungsbeiträge zahlen und losgelöst aus dieser Welt der Vereinbarungen und Verantwortlichkeiten sind.

Es gibt unheimlich viele Männer, die fixiert sind auf einen bestimmten Typ. Das war ich nie. Egal, wie der Typ aussah: entscheidend ist, ob eine Atmosphäre um ihn ist. Wenn ich erotisiert war durch ein Lachen, eine Geste, und im Kopf diese kreative Maschine anfing, ihre Bilder auszuspucken, dann war mir, wenn ich im Bett mit ihm lag, nicht wichtig, welche Form dieser Schwanz hat.

Der Schwanz selbst hängt an einem Lachen, hängt an einem Gesicht, hängt an Haaren, hängt an einer Persönlichkeit, die in mir bestimmte Assoziationen auslöst. Ich liebe Männer, die etwas fülliger sind, andere bevorzugen eher schlaksige Gestalten. Aber wenn ich auf den Schwanz alleine gucke, das ist noch nicht die Reise, das ist noch nicht die Sexualität. Der Schwanz alleine ist weiter nicht der Rede wert. Das Feuer, der sexuelle Rhythmus, der sexuelle Sound beginnen erst dann, wenn die Träume zu Phantasien werden.

Der Kult, den Männer um ihren Schwanz betreiben, diese närrische, lächerliche Überbewertung, der Schwanz als antrainiertes Ungetüm, das hat ja alles nichts mit dem Geilsein zu tun.

Geilsein ist ein Dialog mit sich selbst und Wunschbildern von sich selbst. Natürlich hätte man gerne selbst mehr von dem, was man sich zusammenphantasiert. Vor allem wenn du klein oder verpickelt oder sonst was vor dem Spiegel stehst, dann verwandelst du in deiner Wichsphantasie ja nicht nur deinen Sexpartner, sondern auch dich selbst. Es wächst dir ein magischer Schwanz!

Natürlich gab es in meiner sexuellen Biographie Situationen, in denen ich es geil fand, von einem schönen großen Schwanz gefickt zu werden. Das waren eher so situative Schwanzeuphorien. Da brauchte ich dann auch gar nicht viele Phantasien. Da war das einfach ein unheimlich geiles Gefühl, diese Kraft, diese Stärke in mir zu spüren, mit diesem anderen Körper eine Einheit zu bilden. Das ist ja der Uralttraum. Diese Situationen gab es, und die will ich keinesfalls schmälern.

Aber ich bin jetzt bald 40 Jahre, und habe die Erfahrung gemacht, daß der Schwanz nur geil ist in Verbindung mit diesen Phantasien. Dazu kommt immer der Traum, dich aus deiner Vereinzelung heraus mit einem anderen Körper zu verbinden, zumindest für einen Augenblick eine Illusion von Einheit herzustellen. Das ist der fundamentale Wunsch aller sexuellen Phantasie. Was dann noch dazukommt, ist die Garnierung.

Du fickst immer ein Phantom. Du umarmst immer eine Interpretation. Eine Interpretation, die der andere mit dir erschafft.

Martin E. Kautter

Je älter ich werde, desto mehr hat die Sexualität mit dem Kopf zu tun. Daß die Anmache im Prinzip wichtiger ist als der Sex. Mit Ficken habe ich es eh nie gehabt. Ich finde es sehr geil, wenn ich einen geblasen bekomme. Auch wenn ich selber einen blase. In dem Moment spielt der Schwanz die Hauptrolle.

Dieses dem Orgasmus-näher-Kommen ist schon etwas, das in andere Welten hineinführt. Das ist wie in einem Rausch. Einerseits so ganz bei sich zu sein und gleichzeitig nicht wirklich da sein, außer sich sein. Wenn es ganz toll ist, dann fühle ich mich in dem Moment eins mit einem anderen, auch wenn ich den gar nicht ficke oder gefickt werde. Das ist vielleicht so, wie wenn meine Hände in seinen Kopf hineingehen oder in seinen Körper hineingehen. Das ist ein winziger Augenblick.

Ich habe nie die Zeit gestoppt, wie lang der Orgasmus andauert. Aber bei mir ist er keine Sache von mehreren Minuten. Es gibt ja Leute, die haben stundenlang einen Orgasmus. Ich weiß nicht, ob ich sie beneiden soll oder ob ich durchdrehen würde. Die Natur hat das schon gut gemacht, daß sie zeitliche Begrenzungen eingefügt hat. Und daß sie die ständige Sehnsucht mitgegeben hat, daß dieses Gefühl wiederkommt, das Gefühl der Sehnsucht und der Geilheit.

Napoleon Seyfarth

Zum Abspritzen bedarf es einer Erektion, zum Orgasmus nicht.

Die Unterschiede der Orgasmen beim Wichsen, beim Ficken, beim Sichfickenlassen und bei vielen anderen der Wege, die zum Gipfel führen, sind gewaltig. Der Orgasmus beim Wichsen ist der bodenständigste. Nur die Phantasie erlebt Höhenflüge. Den Orgasmus beim Ficken würde ich als einen gelungenen Flugversuch beschreiben. Man schwingt sich heftig flatternd und rudernd in immer höhere Höhen, die in diesem Fall Tiefen sind, bis einem die Welt zu Füßen liegt. Man erlebt den Orgasmus im anderen und spürt Genugtuung darin, ihn „geschafft" zu haben. Dieser Orgasmus ist ein zielgerichteter, ein Raketenorgasmus. Der Orgasmus beim Sichfickenlassen und intensiver noch beim Sichfistenlassen ist wie ein durch einen Stein- oder besser Felswurf ausgelöstes Seebeben, das kreisförmige Wellen nach sich zieht. Oder wie ein Schweben, ein sich Aufgeben, Öffnen, Zulassen, bis ein sich gottgleich fühlender Embryo im Fruchtwasser schaukelt.

Letzteren Orgasmus, bei dem man sich stark auf sich konzentriert, würde ich als den endorphinen Ballonorgasmus bezeichnen. Ein Orgasmus, bei dem die körpereigenen Glückshormone Leib, Seele und Gehirn zu einem riesigen Luftballon aufpumpen. Der Luftballon platzt jedoch nicht. Er läßt danach langsam Luft entweichen und schwebt leicht zitternd in den siebten Himmel. Neben diesen körperlichen Orgasmen gibt es da auch noch etwas, was ich den seelischen Orgasmus nennen würde. Wenn

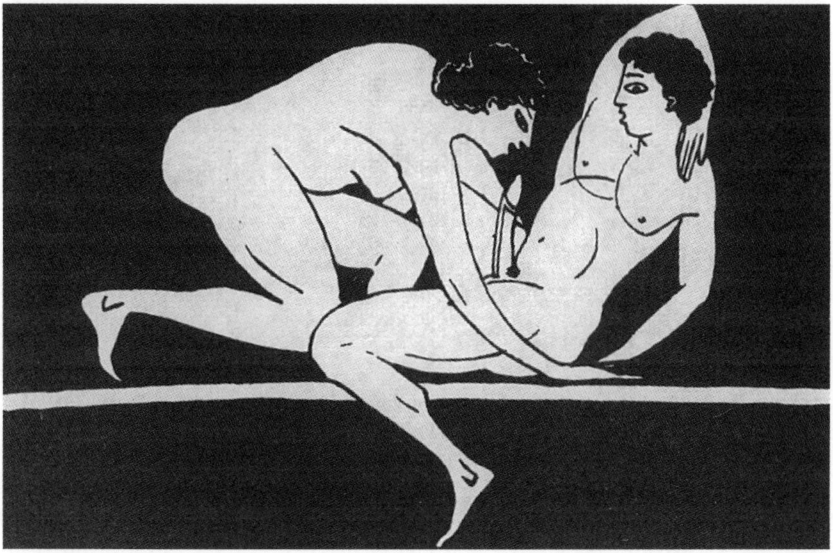

Antikes Männerliebespaar.

ich meinen herz- und vor allem meinen sterzinnigsten Geliebten fiste, in ihn immer tiefer eindringe, er sich mir völlig öffnet und hingibt, wenn er Laute der Geilheit ausstößt, fast winselt, und sich danach wie ein zitternder Embryo zusammenrollt, dann bekomme ich meinen Seelenorgasmus. Der hat nichts mit Machtverliebtheit zu tun, wie dies nach dem Ficken manchmal der Fall ist. Im Gegenteil. Eher mit so etwas wie Mutterliebe. Ich empfinde mich dann wie eine hilfreiche Hebamme und eine freuden- und glorreiche Mutter, die freudig erregt und glücklich bewegt über die gelungene Geburt oder Wiedergeburt des Freundes ist. Das sind die Momente, in denen wir uns immer wieder neu ineinander verlieben.

Daß der Orgasmus nichts mit dem Schwanz zu tun hat, beweist ja schon das Beispiel von Querschnittgelähmten, die ab dem Hals abwärts zwar keinerlei Gefühle mehr haben, aber trotzdem voll orgasmusfähig sind. Der ganze Körper kann ein Sexualorgan sein.

Franz M.

Ich kann auch dann einen Orgasmus haben, wenn mein Schwanz nicht steht, wenn er kaum Erregung zeigt. Der Orgasmus ist dann flüchtiger, würde ich sagen, auch feinsinniger irgendwie.

Einmal saß ich mit meiner geliebten Gefährtin in einem vollbesetzten Zugsabteil, und sie kraulte meinen Nacken und schaute mir gleichzeitig sehr erotisierend in die Augen. Ich bin ganz lautlos gekommen. Niemand anderer im Abteil hat etwas gemerkt davon. Aber ich bin voll gekommen. Ohne Berührung am Schwanz, nur durch ihren Blick und die Berührung im Nacken!

Das Gefühl, wenn man den Schwanz in eine Frau reinsteckt? Kommt drauf an, wie vertraut sie einem ist. Wenn man zum ersten Mal mit einer Frau Sex hat, dann ist das sicher der Moment, in dem sich eine große Neugierde erfüllt. Man hat sie für sich gewonnen. Sie zeigt einem ihre Zuneigung, oder zumindest, daß man ihr äußerlich gut gefällt. Wenn man mit einer Frau gut zusammen lebt, dann ist die Neugierde nicht mehr so groß und die Zuneigung beweist man sich eh laufend auf verschiedenste Arten. Dann ist das Eintauchen vielleicht triebhafter im eigentlichen Sinn.

Auf der taktilen Ebene würden mir die Worte fehlen, wie es sich anfühlt, über Samt zu streichen oder über Blech oder eben in eine Frau zu tauchen. Da kann ich auch nur etwas sagen über die Temperatur, die Atmosphäre, das Klima meinetwegen. Warm, feucht, klar, gesund, sonnig, ein Südwind weht, es herrscht Hochdruck.

Es ist schon eine große Freiheit, die man sich nimmt. Nicht die der Eroberung der Frau, sondern die Freiheit, Urlaub von sich selbst zu nehmen. Das gilt nicht gleichermaßen für alle Formen von Sex. Beim Onanieren, beim oralen oder analen Sex sehe ich das anders. Da bleibe ich ganz bei mir. Aber beim vaginalen Sex gehe ich schon in etwas anderem auf. Teilweise in einem anderen Menschen, aber zugleich in etwas, das abstrakter ist. Es ist eine Reduktion des Lebens auf wenige Wesenszüge. Sexualität ist etwas für mich, mit dem man seine engen körperlichen Grenzen durchdringt. Und der Schwanz kann dabei die Funktion eines Moduls haben, das einen in die Lage versetzt, diese Grenzen zu durchdringen. Der Großteil der Energie, die fließt, ist nicht die seine. Das ist eine gemeinsame der beiden miteinander spielenden Körper. Aber der Schwanz ist der Reizpunkt, ohne den das alles für mich so nicht ablaufen könnte.

Der Schwanz ist eine Art Kontaktmodul in eine Empfindungssphäre, in der man sich ganz und gar eins mit Welt fühlen kann, weil einem die Welt, die Phantasiewelt, genau das bietet, was man sich erträumt. Wenn man sich geliebt und angenommen fühlt in einer völlig unkomplizierten Welt, die man nach seinen Phantasien formen kann. Nicht weil man allmächtig ist, sondern weil die eigenen Wünsche völlig in Deckung sind mit den Wünschen der anderen, in diesem Fall der phantasierten oder körperlich erlebten Frauen.

Das ist ja überhaupt das Geilste im Leben, wenn man dieses Gefühl einer emotionalen Simultaneität hat. Sex kann einem dazu verhelfen. Ich hab' s manchmal auch bei Konzerten. Wenn die ganze Band rhythmisch und emotional genau am selben Punkt ist, wenn man pulsiert miteinander und sich das auf das Publikum überträgt, und Hunderte Leute im Rhythmus miteinander pulsieren und damit auch deinen Puls als Musiker verändern, ihm ihren Takt geben. Das funktioniert alles ohne Sprache und ist auch ein sehr sexuelles Erlebnis.

Die andere Art Geilheit ist vielleicht die reine Ergötzung an der eigenen Männlichkeit. Da habe ich keinen Gedanken an eine oder mehrere Frauen, da spielt sich keine Erotik mit der Weiblichkeit ab, sondern es ist die pure Autoerotik. Die pure Freude am eigenen Ständer, der einem da so in die Welt hinauswächst und prall und neugierig in die Luft ragt wie ein Abenteurer. Mein Phallus in seiner maximalen Entfaltung ist für mich ein schönes Bild, an dem ich mich recht erfreuen kann.

Wenn ich meine sexuelle Entwicklung der letzten zehn Jahre bedenke, dann hat sich die Bedeutung meines Schwanzes dabei sehr verändert. Sie ist geringer geworden. Ich habe erfahren, daß sich die sexuellen Empfindungen erweitern und nicht nur verengen. Verengen tun sie sich in der Hinsicht, daß ich den Eindruck habe, daß die Empfindungsfähigkeit der Eichel etwas nachgelassen hat.

Erweitert haben sich die sexuellen Möglichkeiten in dem Sinn, daß ich heute über den ganzen Körper verteilt reizbarer bin verglichen mit früher, als nur der Schwanz das Zentrum war. Meine Brustwarzen spielen heute eine große Rolle und mein Bauch. Und ein Punkt, vielleicht ein, zwei Zentimeter vor meinem After, hinter dem, wie mir ein schwuler Freund aus Berlin erklärt hat, gleich die Prostata liegt.

Ich habe manchmal Prostataorgasmen. Leider ist mir das in reiner Form, also ganz ohne Stimulierung des Schwanzes, nur selten möglich. In gemischter Form, also bei gleichzeitiger Stimulierung des Schwanzes, schon öfter. Etwa auf die Weise, daß ihn meine geliebte Frau im Mund hat und sie mich an dieser afternahen Stelle heftig massiert. Das Gefühl im Schwanz wird dann langsam nebensächlich, ihr Mund ist nur noch eine warme, wohlig feuchte Höhle für ihn, und ich bin nur von dieser einen Stelle, für die ich keinen Namen kenne, in allen meinen Empfindungen beherrscht. Eine Reizung dort kann meinen Schwanz beim geilsten Sex der Welt echt zum nebensächlichen Faktor werden lassen. Und wenn man dann kommt, das sind Glücksgefühle, die hautnah an den Rand der totalen Selbstauflösung gehen. Glücksgefühl ist vielleicht nicht das richtige Wort. Es ist zunächst einmal eine unglaubliche Spannung, die die Spannung der Penisreizung weit übertrifft.

Der Orgasmus selbst nimmt einen deutlich flacheren Anstieg. Das meine ich so, daß die Spannung, die rasende Geilheit unmittelbar vor dem Orgasmus etliche Minuten, die fast unerträglich lang dauern können, anhält. Und dann komme ich, und es ist wie eine Explosion und eine

Implosion gleichzeitig. Bei dem Wenigen, das ich von Physik verstehe, würde ich meinen, daß das physikalisch absurd wäre. Aber es fühlt sich so an – ein Indiz dafür, daß vieles, was die Wissenschaft irgendwann als Baustein der Welt erkennt, zuvor einmal gefühlt worden ist. Vielleicht wird die passende Theorie dazu noch entdeckt.

Vielleicht können wir überhaupt nur das entdecken, was wir zuvor erfühlt haben. Wenn man bedenkt, wie viele Nobelpreisträger ihre Preise für Erkenntnisse erhalten haben, die sich in der Folgezeit als völlig falsch erwiesen haben ... Vielleicht sind sie zu sehr dem nüchternen Kalkül verhaftet gewesen und haben zu wenig gespürt.

Aber ich habe von Explosion und Implosion als Orgasmusgefühl gesprochen. Es ist, wie tief unter Wasser zu sein und atmen zu können, weil man nicht nur Lungen, sondern auch Kiemen hat. Und dann taucht man auf und fühlt sich, als wäre man eben 12.000 Meilen unter dem Meer gewesen. Frei schwebend und atmend.

Ich merke gerade, daß dieses Bild, tief im Meere zu sein, einen Schönheitsfehler hat. Da unten ist es dunkel. Aber das ist beim Orgasmus nicht so. Es ist sehr hell. Vielleicht würde es besser passen, wenn ich sage, weil ich gerade den wunderbaren Film „Dark Star" von John Carpenter gesehen habe: Es ist so, als schwebe man im Weltraum, man hat keine Sauerstoffflasche und man kann das Licht atmen. Diese Formulierung paßt mir gut. Man hat ein Gefühl, als könne man das Licht atmen.

Nicht zuletzt diese Erfahrung, Orgasmen so abseits vom Schwanz zu haben, hat die Bedeutung, die mein Schwanz in meiner Sexualität einnimmt, sehr relativiert.

Ich streckte mich im Grase aus, bettete den Kopf auf den flachen Stein und hielt die Augen auf die Milchstraße gerichtet, diesen seltsamen Strom von Astralsperma und himmlischem Urin, der quer durch die Schädelwölbung der Gestirne fließt:
Georges Bataille[39]

39 Bataille 1977: 31.

Gerhard Altmann

Ich glaube nicht, daß Falco ein großer Philosoph war, aber er hatte recht, als er gesagt hat, Kinder sind etwas Wunderbares, denn damit kann man dem Tod ein Schnippchen schlagen. Nachdem ich im Oktober einen Sohn bekommen habe, kann ich gut nachvollziehen, was er gemeint hat. Der Samen ist die wichtigste Waffe gegen den Tod.

Ich hab mal ein Gedicht geschrieben, das hieß, „Der Wunsch, eine Milchstraße zu spritzen". Ich bin halt schon ein Zeuger. So gesehen, hat auch der Schwanz eine große Bedeutung. Rein biologisch gesehen ist das Wichtigste, was ich in dieser Welt leisten kann, Nachwuchs in die Welt zu setzen. Und dabei sind Potenz und Fruchtbarkeit die absolut zentralen Funktionen.

Daß ich ein Kind gemacht habe, hat an meiner Einstellung zu meinem Schwanz nichts verändert. Du kriegst nur insofern eine andere Einstellung, wenn Du beschließt, nicht zu verhüten, weil du ein Kind haben willst. Schließlich war ich jahrelang darauf konditioniert, aufzupassen, damit nichts passiert. Immer mit ein bißchen Panik durchmischt, es könnte trotzdem etwas passieren.

Und plötzlich mußt du umdenken. Und du siehst, so einfach ist das Kindermachen auch wieder nicht. Weil meine Frau nicht gleich schwanger geworden ist, habe ich mich gefragt, ob ich überhaupt zeugungsfähig bin. Aber wenn man das an einem Körperteil festmachen will, so ist das eigentlich eine Frage der Hoden und nicht des Gliedes.

Für mich ist es absolut faszinierend, meinen Buben anzusehen. Ich habe in Biologie gelernt, was abläuft bei der Zeugung. Und es funktioniert wirklich! Da ist jetzt ein Kind. Woher ist es gekommen? Das kann man sich überhaupt nicht vorstellen! Wo kommt der her? Wie gibt es das, daß aus dem weißen Saft und dem Ei einer Frau ein Mensch wird? Das ist absolut verblüffend. Das ist schon Ausdruck einer biologischen Funktion des Schwanzes. Er ist schon eine Waffe gegen den Tod. Und der Wunsch, eine Milchstraße zu spritzen, ist vielleicht der Wunsch nach Ewigkeit, oder der Wunsch, wenigstens etwas zu hinterlassen, was Bestand hat.

Pamela Andersrum

Ich würde mich zu sechzig, siebzig Prozent als bisexuell bezeichnen. Der ganze Klimbim ist einfach ein Rollenspiel für mich. Wenn ich mich nicht schminken würde, keine Perücke und Stöckelschuhe tragen würde, dann bin ich ganz normal Mann und kann auch mit Frauen schlafen.

Die meisten, die ich kenne, wissen für sich, okay, ich bin ein Transvestit, ich bin transsexuell, ich bin schwul, aber ich kann das für mich nicht so festlegen. Bei mir ist es total verzwickt. Es ist bei mir immer eine Sache der Laune, wie ich mich eben fühle. Dadurch hab ich auch eine größere Freiheit. Und das ist auch einer der Punkte, daß ich mir sage, wenn ich nur das wäre oder das und mich in eine Kategorie einreihen lassen würde, dann würde mir bestimmt was fehlen.

Es ist auch lustig, ab und zu die Identität zu wechseln und nicht erkannt zu werden. Wenn ich in der Straßenbahn fahre und neben mir steht ein Kunde oder ein Typ, den ich mir von der Straße aufgerissen habe, und der steht nun mit Frau und Kindern neben mir und erkennt mich nicht, das ist schon sehr witzig.

Es ist nicht unbedingt wegen des Geldes, daß ich das Ganze hier überhaupt mache. Es ist Neugierde und Abenteuerlust. Ich will neue Typen kennenlernen und Schwänze. Das Geld ist halt ein angenehmer Nebeneffekt.

Das ist der ganz große Unterschied zwischen einem Transvestiten, transsexuellen Schwulen und einer Frau. Dieser Drang, dieses Tierische, immer irgendwas Neues suchen, neue Schwänze, größere, das wollen Frauen eher nicht.

Ich geh' ja auch ab und zu auf der Straße herum, und da schau ich mir die Nutten an, die die Typen rein nur abzocken und ihnen das Geld aus der Tasche ziehen und sonst gar nichts. Da ist wirklich null Gefühl dabei, überhaupt keine Motivation, die Geilheit ist nicht dahinter. Und das ist es bei mir: Geilheit und Neugierde. Dafür laß ich mich bezahlen.

Das ist auch was Geiles! Ich hab festgestellt, daß, wenn irgendjemand öfters bei mir war und wenn mir der sehr gut gefällt, da hab mir schon auch mal gedacht, mmmmm, toll mit dem, von dem will ich gar kein Geld nehmen. Aber in dem Moment, wo es gratis war, war ich schon nicht mehr interessant und er ist nicht mehr gekommen. Die Typen, die sich auf solche Inserate hin melden und herkommen, die wollen dafür zahlen. Es muß etwas kosten! Sonst ist es nichts wert.

Ich bin echt geil auf die Schwänze. Ich richte mich nicht unbedingt nach dem gesamten Aussehen. Bei mir spielt die Größe des Schwanzes eine wichtige Rolle. Wenn einer einen wirklich großen, dicken, ausgeprägten Schwanz hat, dann muß ein Mann nicht unbedingt schön oder attraktiv sein.

Weil ich vorhin gesagt habe, Nutten machen es nicht mit Liebe. Also, mit Liebe hat es bei mir auch nichts zu tun. Es ist reiner Sex, sonst gar nichts. Aber in dem Moment, in dem mir jemand so richtig gut gefällt, muß er nicht unbedingt gut bestückt sein. Mein Freund liegt im Durchschnitt, würde ich sagen. Aber mit dem kuschelt man, Zärtlichkeiten werden ausgetauscht ... Das kann man mit einem Gast auch machen, aber es ist halt was anderes, was Schnelles, ein Quickie. Aber trotzdem auf geil! Das ist halt meine Art und Weise, den Sex auszuleben. Schön und auf langsam mach ich's nur mit meinem Freund. Deswegen sag ich ja: für Liebe und Zärtlichkeit genügt er mir. Was ich von meinen Gästen will, sind schöne, große Schwänze. Dann, wenn man sich auszieht, werden schon andere Sachen auch wichtig: die Haut, die Brustbehaarung, die Beine, die Füße. Ich bin ein Fußfetischist. Ich liebe schöne Männerfüße, lecke sie auch gern und riech auch gern daran. Also je nach dem, ob der gepflegt ist, ob der stinkt oder naturell riecht. Also, ich bin nicht ausschließlich auf Schwanz fixiert. Am besten ist die ideale Mischung von allem Drum und Dran. Da gibt's einen, den Michael, mit dem mach ich's einfach so, just for fun, ohne einen finanziellen Hintergrund. Also, das letzte Mal hab ich ihm halt nichts dafür verrechnet. Und vorhin hat er wieder angerufen. Er kommt dann nachher. Der ist wirklich toll, über einen Meter neunzig groß, ja, wie man sich einen wirklichen Kerl vorstellt, mit einem geilen Po und einem wirklich riesigen, dicken, geilen Schwanz mit dicken, großen Eiern. Irgendwie hat sein Schwanz so gewisse Ähnlichkeit mit deinem Mikrophon. Er sagt, ich kann so gut blasen, weil ich so tief runterschlucke. Und das hat noch keine oder keiner bisher wirklich geschafft. Naja, ich weiß nicht, ob das wirklich stimmt.

Mein eigener Schwanz spielt bei den Gästen auch eine wichtige Rolle. Die Männer kommen mit der Vorstellung her, daß ich eine Frau mit Schwanz bin. Das ist ihre Phantasie. Sonst würden die Typen nicht zu mir kommen. Am Anfang hat mich das schon irgendwie erstaunt. Ich hab mir gedacht, jetzt richte ich mich als Frau her, als Vollweib, und dann kommt der daher und will meinen Schwanz blasen oder er will sich von mir bumsen lassen und so. Wie gibt's denn das?

Früher wäre das für mich tabu gewesen. In dem Moment, wo ich Frau war, habe ich den Mann befriedigt, hab ihn geblasen oder mich bumsen lassen und habe mich als Frau auch irgendwie hineingesteigert. Aber jetzt ist das total anders geworden. Eben durch dieses Geschäft halt. Es war früher tabu, daß ich meinen Schwanz auspacke, daß der Gast mich bläst, daß ich ihn bumse. Sondern ich war eben die Frau, auch wenn ich einen Schwanz hab. Und ich wollte von dem Mann, daß der mich auch als Frau behandelt. Auch im Bett. So habe ich es mir halt vorgestellt. Da war ich sechzehn oder siebzehn oder achtzehn.

Mit der Zeit hab ich meinen Körper neu kennengelernt. Und die Sexualität. Ich bin draufgekommen, daß sehr viele Männer Interesse haben, meinen Schwanz zu blasen, sich von mir bumsen zu lassen, was auch sehr schön ist. Ich bin in letzter Zeit hauptsächlich aktiv gewesen und finde das auch angenehmer, als passiv zu sein, als mich bumsen zu lassen. Und das mit dem angenehmen Effekt, daß die dafür zahlen. Sogar ganz gut dafür zahlen.

Ich hab auch weibliche Gäste. Pärchen. Ich hab eine lesbische Stammkundin, die ist total lieb und süß. Die hat einmal angerufen und sich erkundigt. Und ich hab ihr gesagt, ich bin hauptsächlich für Männer. Da hat sie gesagt, das macht ja nichts, ich weiß schon, daß du ein Typ bist, aber mich reizt das. Ich will mich ficken lassen von jemandem, der ausschaut wie eine Frau und einen richtigen Schwanz hat und keinen Gummischwanz.

Die ist sehr angenehm. Sie kommt regelmäßig. Drei Mal im Monat. Ein hübsches Mädchen. Ich habe mir immer gedacht, Lesben würden das verurteilen. Aber sie nicht.

Die Seele ist ein weites Land.

Neunzig Prozent der Männer, die ich mir auf der Straße aufreiße – ich reiße auf –, merken nicht, daß ich ein Mann bin. So blöd das jetzt klingt. Du siehst mich jetzt als Mann hier sitzen, du siehst die Hände. Aber im Auto, wenn es dunkel ist oder bei abendlicher Beleuchtung, merkt man fast gar nichts. Man kann das so gut kaschieren und so gut verpacken, daß es die wenigsten merken. Und die, die es merken, wollen es so haben.

Wenn sie es merken, fragen sie, bist du ein Mann, und dann fahren sie weiter und kommen vielleicht eine Woche später wieder. Und wenn sie eigentlich eine Frau wollen und nichts merken? Na und? Ich tu ihnen ja was Gutes. So gut, wie ich blasen kann, kann eine Frau sicher nicht blasen. Ich rede jetzt nicht von privaten, intimen Beziehungen wie du mit deiner Freundin. Sicher macht die es dir mit Gefühl und besser als eine Nutte, die auf der Straße steht. Die sackelt dich aus.

Ich hör's ja von den Kunden: „Wau, so gut, so gut wie du hat das noch keine gemacht" und bla, bla, bla ...

Meistens geht es bei den Nutten so vor sich: Er kommt rein, Hose ausziehen, Gummi drüber, mit der Hand vorwichsen, daß er steif wird, dann bläst sie, dann wichst sie, packt ihn meistens ganz fest, und meistens auch noch mit den Zähnen. Ich mach es halt, wie ich es mir wünschen würde. Ich kann's ja nachfühlen. Weil ich beide Seiten kenne!

Ich hab schon gedacht, ich werde eine Nuttenschule aufmachen, wo man lernt, wie man ordentlich bläst. Und deshalb mach ich mir auch gar keine Vorwürfe, daß ich die Gäste betrüge dadurch, daß ich eigentlich ein Mann bin. Ein Mal habe ich mir gedacht, ja, du betrügst sie. Aber warum? Ich tu ihnen ja was Gutes. Und wenn dann die Kommentare kommen, toll, geil, super und so toll hab ich's noch nie gehabt, denk ich mir, es ist doch richtig so. Einer hat einmal gesagt, du bläst so gut, du kannst keine Frau sein. Er hat gesagt, so gut kann keine Frau blasen. Er hat sich aber weiterblasen lassen.

Eine ganz witzige Geschichte, die mir vor ein paar Tagen passiert ist: Da war ein Typ, der hat eine Freundin und neben der Freundin hält er sich noch eine Bekannte. Die wollten es miteinander treiben und sind ins Badezimmer gegangen. Aber die Kinder, die sind sechs oder sieben Jahre alt, wollten nicht einschlafen und haben immer wieder an die Badezimmertür geklopft. Also ist es nichts geworden mit dem Vögeln, weil die Kinder immer dazwischengefunkt haben. Dann ist er bei meinem Platz vorbeigefahren und stehengeblieben, und ich hab ihn geblasen. Und jetzt kommt er mindestens zwei Mal in der Woche. Der gneißt [begreift, schnallt] aber auch nicht, daß ich ein Typ bin.

Es ist witzig, wenn dann die Kommentare kommen, das war jetzt der geilste Verkehr, den ich gehabt hab. Ich laß mich bumsen und die Männer merken nicht, daß ich ein Mann bin. Denn eine Nutte, die auf sich etwas hält, die läßt sich nirgendwo hingreifen. Außer, der Typ zahlt drauf. Das habe ich gelernt.

Wenn er dir zwischen die Beine fahren möchte, sag ich okay, kannst du machen, aber das kostet halt 200 Schilling mehr. Bei den Brüsten funktioniert's, sind ja Silikoneinlagen. Und das Ganze geht dann so vor sich, daß er sich so hinlegt auf seinen Sitz. Ich hab meistens Lackhosen an mit einem Reißverschluß. Der Reißverschluß wird nur ein kleines Stück aufgemacht, der Po ist eingeschmiert und alles und ich setz mich einfach drauf und er spürt das gar nicht. Der kommt mit den Fingern gar nicht dazu.

Ich kann mir auch mit einer Ausrede behelfen: Paß auf, nicht mit den Fingern, Vorsicht, dreckig, du kannst dich nicht waschen, Infektionsgefahr, dieses oder jenes mag ich nicht, kostet mehr ... Da gibt's verschiedene Varianten. Meistens mach ich es so: Wenn es draußen warm ist, lehne ich mich auf die Motorhaube drauf und lasse mich von hinten ficken. Wenn mich wer auf der Straße fragt, was bietest du, dann sag ich, Französisch, Verkehr mit Französisch, und Griechisch mit Französisch. Viele wollen dann auch nur Griechisch haben, weil sie es noch nie gehabt haben. Dann wissen sie sowieso, wo sie hineinficken.

Ich habe einen lieben kleinen Bub, der kommt schon seit zwei Jahren zu mir und weiß es noch immer nicht. Zuerst hab ich mir gedacht, der verkauft mich für blöd, das gibt's doch nicht, daß der nichts gneißt. Aber dann hab ich ihn auf die Probe gestellt. Der gneißt wirklich nichts.

Einmal hab ich einen Jugoslawen gehabt, der wollte Französisch haben. Der war relativ jung. Er packt seinen Hosenstall aus, bitte, mich trifft der Schlag! Eine riesige, dicke Nudel, genau mein Traumschwanz. Da habe ich natürlich mehr machen wollen als Französisch. Ich habe gesagt, okay, du kannst mich jetzt ficken, gratis, fick mich. Okay, und dann hat er gefickt, gefickt, gefickt und dann hat er mit den Fingern dazwischengefunkt. „Du bist ja ein Mann, du bist ein Typ ...!" Da habe ich mir gedacht, oh, Scheiße, und hab ihn beruhigt.

Das war das einzige negative Erlebnis, das ich innerhalb von fünf Jahren gehabt hab. Ich hab keine Angst gehabt. Wenn der mir eine runtergehaut hätte, dann hätte er sicher eine zurückgekriegt. Ich kann auch gut zuschlagen. Dann hab ich gesagt, he, he, he und hab mit ihm Jugoslawisch gesprochen. Und dann hat er sich beruhigt. Ich hab mich angezogen und gesagt, beruhige dich, es ist doch nichts passiert, du hast was Gutes bekommen und das war's dann. Er hat eingepackt und ist weggefahren und hat mich auf dem Parkplatz gelassen. Zum Glück ist das ja nur einen Katzensprung entfernt von den Plätzen, wo ich herumhuren tu.

Aber nach einer Stunde ist er zurückgekommen und ich hab ihn fertiggeblasen. Er hat gesagt, das hättest du mir sofort sagen sollen, ich hätte nichts dagegen gehabt, es war nur der erste Schock. Aber das kann ich nicht sagen, denn wenn ich einen geilen Typen haben möchte, darf ich es nicht sagen, weil sonst krieg ich ihn vielleicht nicht.

Aber ich betrüge ihn ja nicht. In dem Moment, wo er es nicht weiß, macht es ihn nicht heiß, und es ist ja nur was Geiles.

Franz M.

Ich habe viele Jahre meines Lebens sehr promisk gelebt. Es ist schwer festzulegen, was es bedeutet, mit seinem Schwanz möglichst viele Frauen berühren zu wollen. Eine Erklärung, die naheliegt, ist die biologistische.

Wir wollen unsere Gene verstreuen und uns so über unseren Tod hinaus „verewigen". Wir sind ja Viecher!

In meinem Gefühlsleben spielt die Genstreuung keine Rolle, weil ich keinen bewußten Zeugungsdrang habe. Und doch hat mir das Paaren mit vielen verschiedenen Frauen viel mehr bedeutet, als sich mit Lust und Erotik begründen ließe. Man will oft einfach nicht alleine sein. Man verlockt mit seiner Körperlichkeit jemand anderen dazu, die Nacht mit einem zu verbringen. Man will ankommen. Und in einer Frau anzukommen ist die äußerste Form des Ankommens.

Über diesen momentanen Aspekt hinaus kann man Menschen durch seine Sexualität für sich gewinnen. Mit Sex macht man sich Freundinnen. Der Kontakt der Haut, das miteinander sich Verbinden der Sexualität, in dem man sich seine verletzlichsten Körperteile gegenseitig überläßt, das ist schon ein eindeutiges Geschenk, das man sich macht. Es ist, wie einen Brief zu versiegeln, in dem sich ein paar Skizzen gemeinsamer Möglichkeiten befinden, Skizzen, die sehr abstrakt und unausgearbeitet sind und noch zu stimmigen Bildern, möglicherweise Kunstwerken, ausreifen können. Das kann ich aber auch nur deshalb so empfinden, weil ich meistens Sex mit Frauen hatte, die ich zunächst nicht sehr gut gekannt habe. Manche Menschen gehen ja monatelang spazieren, bevor sie sich körperlich aufeinander einlassen.

Also, man ist jetzt im Bett miteinander. Die Atmung, die Laute, die Bewegungen verraten Begehren. Irgendwann im Verlauf der wechselseitigen geschlechtlichen Beschäftigung zeigt man sich dann, wie sehr man das Prinzip Mann oder das Prinzip Frau begehrt, schätzt, genießt, verehrt, liebt ... Um bei mir selbst zu bleiben: Wenn eine Frau nun mit ihrer Hand, ihrem Mund oder ihrer Vagina gut mit meinem Schwanz umgeht, indem sie mir zeigt, daß sie ihn gerne annimmt, in sich aufnimmt und genießt, was ich genieße, dann wertet mich das als Mensch, als Mann, als sterbliches Wesen auf. Und gleichzeitig bestätigt diese Handlungen das Prinzip Mann an mir und in mir. Und je mehr Frauen mir die Gunst erweisen, um mich ganz altmodisch auszudrücken, desto stärker wird das Prinzip Mann in mir bestätigt, desto mehr fühle ich mich in dieser Welt angenommen – der „Damenwelt“. Ich bin in der Praxis gar kein solcher Romantiker, wie sich das jetzt anhören mag. Mir ist schon bewußt, daß der größte Teil meiner sexuellen Verhältnisse bis zu einem gewissen Grad flüchtig oder von wirren Erwartungen und Halbheiten gezeichnet war und keine abstrakten Skizzen in Briefkuverts verschlossen wurden.

Ich habe an Leichtigkeit im sexuellen Umgang mit Frauen sehr eingebüßt. Mitte dreißig bin ich als freischwebender Liebhaber in eine tiefe Krise gerutscht und lebe seit ein paar Jahren in einer monogamen Beziehung. Da setzt man die Sexualität nicht mehr ein, um nicht alleine zu sein, sondern sie wird Selbstzweck. Das ist vielleicht auch besser so. Wenngleich oft weniger spannend. Aber trotzdem bleibt das Phantasma zurück, daß eine attraktive Frau so etwas wie ein Himmel ist, in den man sich mit seinem Schwanz Eintritt verschafft. Und wenn man etwas Besonderes miteinander erlebt, dann hat das was von einer orgiastischen Feier unter Ausschluß der Öffentlichkeit an sich.

Die Tatsache, daß eine Frau meinen Schwanz annimmt, egal wo und auf welche Weise, ist ein Zuneigungsbeweis, der mir sagt, ich bin etwas wert. Ich gefalle, ich bin interessant. Dasselbe erweise ich auch der Frau. Daß man das mit verschiedenen Frauen erleben will ... „Augenblick verweile“ aus dem Faust fällt mir da ein. Wir altern ja. Und mit dem Erlebnis neuer Sexualität erneuert man sich auch selbst. Man betritt mit dem Hautkontakt mit einer bisher unbekannten Frau so etwas wie Neuland. Es ist immer eine Entdeckung dabei, wenn man sich einem neuen Körper annähert, und in eine neue Muschi einzutauchen, das ist wie aus einem Schlauchboot plötzlich auf eine subtropische Insel zu treten, auf der man noch nie war, Luft zu atmen, die man bisher noch nie geatmet hat. Man ist an einem Ort, an dem man noch nie war und der einem neue Empfindungen beschert. Die sind durchaus nicht immer wunderbar und überraschend. Aber man glaubt zunächst daran, daß es wunderbar und überraschend sein wird.

Eine Frau zu begehren, heißt, ihre Hingabe zu wünschen, und die Hingabe beweist sich dann am eindeutigsten, wenn sie den intimsten Körperteil, den man hat, in sich aufnimmt. Wenn sie sich auf den Tanz einläßt, den nur Geschlechtsteile miteinander vollführen können. Die Welt ist groß, und mit verschiedenen Frauen zu schlafen ist ein Auskosten der Weite dieser Welt. Einer Welt, die direkt in den Himmel übergeht.

Frage: Warum bist du überhaupt bereit, ein Interview zu diesem Thema zu geben?

Hermes Phettberg

Weil es geil ist und weil ich Missionar bin. Und weil mich die Christa Nebenführ[40] darum gebeten hat und gesagt hat, du seist seriös.

Wenn ich an einer Sache interessiert bin, dann an einer sexuellen. Ich würde mich als Fachmann zu diesem Thema bezeichnen, der besonders intensiv zu diesem Thema denkt und schreibt. Das spricht sich auch herum. Du bist ja auch zu mir gekommen und nicht zu meiner Nachbarin. Und ich bin halt auf dem Gebiet weiter vorgedrungen oder bilde es mir jedenfalls ein. Vielleicht ist das in Summe eh ein Schaas [Furz] und es gibt Experten, die darüber nur müde lächeln können, was ich hier in tiefster Grübelei entwickle.

Es besteht bei mir eine besondere Beschäftigung mit dem Sexuellen, die glückhafterweise durch meine Nicht-Sexualität produziert wurde. Aus der Not wurde ein Dibbel. Wenn man sich den Kopf anhaut, müßte man meinen, daß ein Loch entsteht, aber nein, es kommt ein Dibbel.

Daß ich jetzt in der Öffentlichkeit vorkomme als Talkmaster und ein Bekenner der Geilheit bin, wird mir von manchen Böswilligen so ausgelegt, als ob ich besonders auf mich aufmerksam machen wollte. Ich habe keine Strategie, ich bin kein Stratege. Es ist eine irrsinnige Kränkung, wenn jemand sagt, aha, ein Verbalerotiker! Ich trete da in eine Orgie von Geilheit ein. Ich bin eine einzige Orgie! Und dann kommt jemand und sagt, aha, ein Verbalerotiker und reduziert das auf nullachtfünfzehn.

---

40 Herausgeberin des gleichzeitig in diesem Verlag erscheinenden Buches „Die Möse. Frauen über ihr Geschlecht.“ Promedia Verlag.

Welche Namen verwendest du für den Schwanz? Wie sagst du dazu?

Ich lebe vollkommen kommunikationslos. Ich bin gigantisch einsam. Ich bin eine absolut zukünftige Existenzform. Ich war noch nie in meinem Leben liiert. Noch nie hat ein Mensch bei mir genächtigt und dann gefrühstückt, sodaß ich über meinen Schwanz nicht rede. Ich schreibe über meinen Schwanz nur.

Dabei versuche ich immer die Zuspitzung zwischen höflich und deftig zu suchen. Schwanz ist ein Problem, Zumpferl auch ein bisserl. Schon die Verwendung des Wortes „Zumpferl" denunziert das Ungeheuerliche des Sexuellen. Und es kommt einem dann, wenn man doch ein wenig verlegen ist, über die Lippen, daß man sagt „Zumpferl". „Schwanz" ist gestelzt, so hochgestochen. „Schwanz" klingt so, wie wenn man schon ein wenig angibt. Am liebsten sage ich Geschlechtsteil.

Dingen einen Namen zu geben, ist eine gefährliche Sache. Meine Eltern haben mich einfach Josef genannt, obwohl ihre beiden Väter Josef hießen, mein Vater, der konkrete Zeuger, Josef hieß, und ich auf jeder Seite auch noch einen Josef-Onkel hatte. Ich kann den Namen Josef daher nicht leiden. Wenn Leute ihren Sohn Josef nennen, habe ich das Gefühl, die tun ihm Gewalt an. Die haben aber den Namen Josef vielleicht von Josef Broukal* und denken sich, das ist ein netter Mann, also nenn ich meinen Bub auch Josef. Aber ich kann den Namen Josef nicht leiden.

Schwanz ist ein Problem ... Zumpferl auch ein bisserl ...

Aber wie nennst du die begehrten Schwänze?

Ich hab's nicht mit Geschlechtsteilen. Ich hab's mit Hosen. Schmutzigen meist oder solche, die gerade wo platzen. Am besten sind Hosen, die die Not des Trägers darstellen, das heißt, wenn es jemandem gelingt, seine Sexualnot in der Hose darzustellen oder seine Sexualbegierde, dann habe ich Kirtag, dann ist es schön. Das ist aber selten.

---

* Österreichischer Fernsehmoderator.

Für mich ist es natürlich sensationell, wenn jemand auf der Straße eine Erektion hat und sich das in der engen Hose nicht mehr verbergen läßt. Sowas ist spannend. Das ist aber ganz selten. Das sind die wirklichen Sternstunden eines Voyeurs!

Einmal in der U-Bahn hat einer Flecken auf der Hose gehabt, vorne auf dem Hosentürl, so weiße Flecken auf schwarzen Jeans. Das war ostentativ! Verdammt ostentativ! Ich habe mir gedacht, das können nur Wichsflecken sein, beziehungsweise durch irgendetwas bewußt nachgemachte Wichsflecken. Das andere Mal habe ich am Nachmarkt jemanden gesehen, der hatte die Arschnaht ... die Narschaht hätte ich jetzt fast gesagt, die Arschnaht aufgetrennt. Jeans, die sind ja drei Mal ineinander gefaltet, das ist wahnsinnig schwer, die aufzutrennen. Die sind irrsinnig genäht! Da mußt du eine halbe Stunde oder eine Stunde auftrennen, bis daß du die Ziehharmonika auseinander hast. Der hatte das offensichtlich offen und es hat, wenn er gegangen ist, ab und zu der nackte Arsch herausgeblitzt. Aber nur, wenn man es konzentriert verfolgte. Ich bin aber ganz sicher, daß er genau wußte, daß er vermittels seiner Hände in den Hosentaschen die Jeans nach vorne ziehen kann, und so hat er den Spalt dosiert, wie er ihn brauchte.

Ich kann mich erinnern, daß ich vor einigen Jahren eine Phase hatte, wo ich im Schritt ein Loch trug und da konnte ich es jederzeit so machen, daß man die Eier sehen hat können, indem sie heraushängen aus dem Loch. Oder auch nicht, wenn man es geschickt macht. Und das war mir lustig, mit dem zu spielen. So eine Art Exhibitionismus. Wobei ich nie „Huuch!" gemacht habe irgendjemandem gegenüber. Solche Dinge sind unendlich spannender für mich als der nackte, schiere Schwanz.

Meine Sexualnot ist gigantisch! Allein, wenn ich da hier meine Jeans berühre, ist das schon eine unglaublich taktile Sensation. Wenn du es jetzt mit mir treiben würdest, wäre das Berühren der Haut so über alle Maßen sensationell für mich, der in einem rasenden sexuellen Notstand lebt, daß mir dein Schwanz so was von wurscht ist ...

Es ist trotzdem interessant, daß das ein Mann sein muß! Aber am Schwanz liegt es nicht.

Ich habe in meinem ganzen Leben überhaupt nur so circa fünf Mal passiven und ein Mal aktiven Koitus gehabt. Wobei bei dem aktiven Koitus was wirklich Lustiges eingetreten ist: Das war mit einem Taxifahrer, der das wahrscheinlich sieben Mal am Tag gehabt hat. Nachdem ich schon eine Viertel Minute in ihm drinnen war, hat er sich umgedreht und gefragt: „Was is' – steck ihn rein!"

Das letzte Mal gefickt worden bin ich am 21. April 1989. Das war eine perfekte S-M-Session mit Schlägen und Willkür und so. Es ist dann schon schön, dieser Schmerz im Arschloch. Es war ein rasend raffinierter Schmerz, der die exakt demütigende Waage hielt zwischen sofort aufhören und ewig weiter und noch fester! Der hat das ungemein gut gemacht! Der ist bei jedem Zug ganz herausgefahren und wieder ganz hineingefahren. Das hat irrsinnig weh getan, und dieser Schmerz mit vorangehenden Schlägen des Arsches ... Der hat das sehr schön komponiert, das war sehr, sehr schön.

Ja, ja, ja, davon muß ich jetzt zehren, bis ich verbleiche.

Die Augen dieses Buben waren viel spannender für mich als das Geschlechtsteil. Das war schon normal groß, das war sicher 18 Zentimeter groß, schätze ich jetzt.

Ein sensationelles Erlebnis von Geschlechtsteil war, als ich zwölfeinhalb Jahre alt war und den Rauchfangkehrer verführt habe. *Ich* habe meinen Rauchfangkehrer verführt!

Ich habe mir die engste Hose angezogen, die ich besessen habe, und bin vor ihm auf den Dachboden hinauf und habe mit dem Arsch ein wenig gewackelt. Ich habe damals schon keine Unterhose angezogen. Bewußt! Das heißt, ich bin auch der Erfinder des Fetischismus, obwohl mit zwölfeinhalb Jahren in Unternalb* keine Rede von Fetischismus war und ich auch gar nicht wußte, daß ich jetzt Fetischismus treibe. Das habe ich erfunden.

Das war sensationell! Der Rauchfangkehrer hat einen irrsinnigen Schwanz gehabt. Wie mein Unterarm, das war unglaublich! Er war ein

* Ortschaft im Weinviertel, Niederösterreich.

anständiger „Kindavazaarer"! Er hat mich nicht hauen wollen. Bitte, ich rede jetzt nicht dem Kinderschänder das Wort.

Also, ich habe ihn ersucht, er soll mich auch fest hauen, am Oasch [Arsch] und so. Das hat er abgelehnt! Er hat das reduziert auf gegenseitiges Wichsen, und ich habe dann so mit meinem kleinen Handi ... der Schwanz wird schon nicht so arg gewesen sein wie mein Unterarm, mein jetziger ... ha, ha ... also, ich konnte das nicht umfassen! Und wenn du so dastehst und einen anderen neben dir wichsen sollst, dann ist das anstrengend! Aus meiner Sicht ist das eine Handbewegung, die den Muskel ganz schön beansprucht. Ich bin sehr schnell erschlafft, und so ganz typisch egoistisch habe ich zuerst abgespritzt und ihn dann im Regen stehen lassen, und er mußte es sich selber machen.

Das hat gleich so angefangen, und dabei ist es geblieben. Ich bin ein stinkfauler Hund. I scheiß do sexuell net viel herum!

Auch Blasen ist eine Mordsarbeit. Gehört unbedingt in die sadomasochistische Fraktion. Ich erlebe es als irrsinnig mühsam, einen Schwanz mittels Blasen zum Abspritzen zu bringen. Das liegt sicher auch daran, daß ich so wenig begehrenswert bin, daß, wenn ich jemandem einen blase, derjenige ganz wenig Lust kriegt, weil ich eben unattraktiv bin. Jetzt muß der unheimlich viel transponieren, um in meiner Gegenwart Lust zu kriegen.

Wahrscheinlich, wenn zwei einander sehr begehren, ist das Abspritzen und das Blasen leichter. Ich erinnere mich, wenn ich zwei, drei Stunden lang jemandem einen blase ... Die Luft geht einem aus. Das Kreuz tut mir weh, das lange Knien ...

Die vielen Jahre des Mißerfolges könnten dazu beigetragen haben, daß ich mich gekränkt zurückgezogen habe. Diese tödliche Tragödie, abgewiesen, abgewiesen, abgewiesen zu werden, Jahrzehnt um Jahrzehnt erfolglos sexuell zu jagen, ist natürlich ein unendlicher Schmerz. Kann sein, daß ich daher trutzig sage, Schwänze interessieren mich nicht. Hätte ich mit einem 18 Zentimeter Schwengel Furore gemacht und Hüften wie Caruso, stünde ich heute psychisch anders da. Vielleicht auch weniger dick. Oder ich wäre tot, weil ich schon längst an Aids gestorben wäre. Weil ein Mensch mit meinen Neigungen zum absoluten Rinnsalmasochismus, der ja am liebsten in der Gosse gefickt und dann liegen gelassen wird ... da hätte ich sicher Aids schon gehabt. Wahrscheinlich hat mir das das Leben gerettet.

Reut es Dich eigentlich, daß Du Dich zum Sexuellen dermaßen öffentlich exponiert hast?

Natürlich kränkt es mich, wenn jemand sagt, ich bin besonders raffiniert, wenn ich das so geschickt PR-mäßig mache. Sex sells und so. Aber das ist ein blöder Zufall. Ich war ja, lang bevor ich als Talkmaster bekannt wurde, Sado-Maso-Aktionist, auch in Antwort auf die Wiener Aktionisten, die ihre Aktionskunst von der Kunst her begannen, während ich es vom Sexuellen beginne. In concreto sind sie sexuell dann distinguiert. Ich bin verstrickt.

Da gibt es diesen französischen, diesen schwulen Philosophen, Foucault, der gesagt hat, sie lenken uns ab, indem sie uns über Sexualität reden lassen. Es ist natürlich auch eine Ablenkung von der Ungeheuerlichkeit. Die Welt in den Händen der Börsen oder der Aktieninhaber und der Industriellen und wir reden über unser Zumpferl. Das ist natürlich eine ungeheure Ablenkung von dem, wo wirklich die Musik spielt. Aber lebten wir nur den Hauptwiderstand, wäre unser Leben erst recht von der Nomenklatura geprägt! Über Sex zu reden ist genauso eine Kunst, wie übers Kochen zu reden. Und ich beherrsche diese Kunst doch recht gut. Besser jedenfalls als Hans Meiser. Der Biolek wiederum kann gut übers Kochen reden. Drum soll er's auch tun. Auf das Wie kommt es an. Auch bei der Pornographie.

Außerdem ... Wenn ein Mensch einen Satz spricht, dann läuft bei jedem anderen Menschen, der mithört, sowieso ein Kontrollprogramm, das sofort einhakt und sagt, aber hier ist ein Fehler oder hier ist ein Loch in diesem Satz. Und schon ist man geneigt, zu ergänzen, zu verbessern, zu korrigieren. Und in diesem ständigen Prozeß der Gegenkontrolle gibt es bei jedem Satz einen Menschen, der eine Idee hat, was da noch dazugehört.

So baut sich das Korallenriff der Ideenwelt. Also dreht den Hans Meiser eh ab, wer ihn nicht mehr braucht, und also ist er sowieso kontraproduktiv. Und in einigen Jahrhunderten werden alle nach mir lechzen. Aber dann scheiße ich ihnen was und bin verstorben.

Ich habe halt da, wenn ich was Sexuelles hör, immer noch eine Idee. Und indem ich diese Idee darstelle, trage ich zur Differenzierung bei. Und damit tue ich etwas, was ärgerlicherweise durchaus im Sinn der Evolution ist, weil ja die Evolution daran interessiert ist, daß wir immer perfekter werden. Insofern könnte ich jetzt sagen, daß es besser wäre, das geheim zu halten.

Wenn ich jetzt aber sage, ich halte mein Sexualleben geheim, niemand geht das was an, dann propagiere ich die Idee des Geheimnisses. Wenn ich die Idee des Geheimnisses propagiere, kommen andere auf andere Ideen, etwas geheim zu halten, was sie ja eh ununterbrochen auch kommen. Und wenn die Idee des Geheimnisses, des Geheimhaltens auftritt und sich fortpflanzt, sind wir schnell wieder dort, wo es eine Klassengesellschaft gibt, wo gewisse Dinge den anderen nicht zugänglich sind. Das ist alles sehr kompliziert.

Vornehme Leute reden zu diesem Thema nicht. Jetzt bleibt das Thema den Orlowskis überlassen. Jetzt entsteht frisch wieder eine Flachheit. Gewisse Intellektuelle äußern sich zu dem Thema ihrer Perversionen und ihrer Schweinereien nicht. Und dadurch ist schon wieder kein Aufmischen und es bleibt in dem gleichförmig stumpfen Brei der Pornowelt und der Hans Meiser Welt.

So ist es eh am Gescheitesten, daß Strömungen Gegenströmungen auslösen, Haß Gegenhaß, es wird sich dann schon ... der Tod löst auch viele Probleme. In ein paar Jahrzehnten ist das Übel Phettberg weg, weil es physisch gelöst ist. Ha, ha, ha ... Zuerst hört einmal der Schwanz zum Stehen auf und dann ... Ich fürcht mich nicht davor. Ich kann, wie gesagt, eh keinen Gebrauch davon machen.

Geschmackssachen

Haut riecht, Haut schmeckt, Haut umgibt ihn.

Der Menschensohn am errichteten Kreuz steht für das erigierte Glied. Nicht umsonst wählten die frühen Christen den Fisch als Erkennungssymbol. Das erigierte und aufgerichtete männliche Glied riecht nach Fisch.
Guy de Maupassant[41]

Nein, so wie der Pilz ganz bestimmt nicht. Man kann das schlecht beschreiben, wie das riecht. So ein bißchen dumpf, erdig, mehlig, nicht besonders angenehm eigentlich. [...] Ein bißchen wie ein ungelüftetes Zimmer. Wie so ein muffiger Schlafsaal in einer Jugendherberge, vielleicht etwas gewächshausartig ...
Max Goldt[42]

Wie schmecken Schwänze?

Hermes Phettberg

Wenn derjenige kurz vorher uriniert hat, ist natürlich ein Bitterstoff da. Wenn ein Eigengeruch da ist, ist der innerhalb von einer halben Minute weg. Durch den eigenen Speichel wird das neutralisiert und dieser kurze Eigengeruch ist ein bisserl säuerlich.

41 Guy de Maupassant in Zutzel/Zausel 1997: 262.
42 Goldt 1998: 85.

Wobei die Gustionsfrage, wie gustiös ein Geschlechtsteil ist, sich nicht erst dann stellt, wenn ein Geschlechtsteil zutage tritt, sondern die Gesamtpersönlichkeit einen Sexappeal ausstrahlt oder einen Liebreiz, dann ist das sozusagen eh schon entschieden, lang bevor das Geschlechtsteil zutage tritt. Bei mir ist es ja so, daß ein Typ, auf den ich steh, gar nicht ungewaschen genug sein kann. Und ich leck ihn wie irr. Wenn ich auf ihn steh! So jemand könnte mich auch zwingen, seine Scheiße zu essen, wenn ich fast sterbe vor Verlangen nach ihm, und er sich ritterlich verhält außerhalb des Sadomaso.

Aber mein Geschlechtsteil kommt nie zum Zug, weil ich eh vorher schon ausgesondert bin wegen meiner Unattraktivität. Und wenn jemand so begehrenswert ist, daß ich sterbe, mich hinzugeben, ist alles andere sekundär. Insofern sind Geschlechtsteile aus meiner Sicht unwichtig. Wenn jemand, den ich begehre, bereit wäre, mit mir Sadomaso zu treiben, und ich würde den über alle Maßen begehren, rasend, so einen Typen wie Bon Jovi oder Axel Rose oder so, und der würde mir in den Mund scheißen, würde ich das wahrscheinlich irgendwie rezipieren. Weil ich den so begehre!

Martin E. Kautter

Ich denke, daß ich Feinschmecker bin. Ich würze sehr sparsam beim Essen und ich habe in Berlin ab und zu Schwierigkeiten, weil die Berliner über alles eine Soße drüberknallen und der eigentliche Geschmack der Mahlzeit gar nicht mehr zur Geltung kommen kann.

Ich mag's gern beim Blasen, wenn die Zunge, der Gaumen und die ganzen Geschmacksorgane, die im Mund vorhanden sind, ihren Teil abbekommen.

Ich steh auf saubere Schwänze. Was den übrigen Körper angeht, mag ich es, wenn jemand verschwitzt ist. Aber es muß frischer Schweiß sein. Kein drei Tage alter! Das ekelt mich dann eher an. Wenn der Schwanz zu fischig riecht, stößt mich das ab.

Wenn dieser Geruch aber so ganz entfernt da ist, gibt es dem Schwanz seine individuelle, charakteristische Note. Manche Leute sagen, eine Avocado hat keinen Geschmack, die schmeckt nach gar nichts. Dabei schmecken Avocados sehr unterschiedlich. Ich mag bei Avocados und bei Schwänzen Nuancen der Geschmacks- und Geruchsunterschiede.

Zu Gerüchen fällt mir da noch was ein: Wenn Eßkastanien blühen, verströmen sie einen ganz eigenwilligen Duft. Ich liebe diesen Duft, der an frisches Sperma erinnert. Darum nenne ich diese Bäume auch Spermabäume.

Noch einmal der Vergleich mit den Avocados. Das ist etwas Ähnliches, weil beide ganz zart sind im Geschmack. Es gibt eine Grenze, da ist die Geschmackslust auf der Kippe. Bei Münsterkäse ist das zum Beispiel manchmal der Fall, zwischen einem unglaublich tollen zu einem widerlichen Geschmack. Der Reifegrad ist ein bißchen überschritten und dir kommt es fast hoch.

Aber wonach der Schwanz schmeckt? Je nachdem, was jemand gegessen oder getrunken hat, macht sich das ja auch in der Ausdünstung bemerkbar. Mit einem Raucher zu knutschen ist nicht sehr appetitlich für mich. Bei Rauchern ist oft auch in der Haut schon Rauch drinnen. Wenn gar der Schwanz eine Ausdünstung hat wie eine erkaltete Zigarre, dann finde ich das sehr abtörnend. Wenn da so eine kleine leichte Knoblauchausdünstung ist, macht mir das allerdings gar nichts aus.

Pamela Andersrum

Kleine Schwänze könnte ich nur mit Gummi in den Mund nehmen. Nicht nur als Schutz vor Krankheiten, sondern als Schutz vor dem Geschmack. Ich mag es nicht, wenn ein Mann sehr ungepflegt ist. Dann nehme ich ihn sowieso nicht in den Mund. Aber ich mag's auch nicht, wenn er sich vorher total tiptop geduscht hat, sich abgerubbelt und einparfumiert hat. Dann schmeckt er überhaupt nicht gut. Also, ich mag's eher natürlich. Er darf ruhig ein bißchen riechen. Aber nicht stinken. Das hört sich jetzt furchtbar an, aber einen gewissen Touch von Gouda kann er schon haben. Das törnt mich an. Aber nicht so, daß da jetzt Schmelzkäse drauf ist.

Er kann salzig schmecken, er kann süß schmecken. Wenn so eine Vorfreude und vorher schon ein Schuß Sperma kommt. Obwohl ich mich halt schon auch hüte, ohne Gummi blasen. Aber manchmal überfällt's mich halt doch wieder, wie zum Beispiel bei diesem Michael, von dem ich schon gesprochen habe, weil der eben so ein Kaliber hat, eben einen Bilderbuchschwanz. Das ist sehr angenehm, wenn ein Schwanz den Mund ausfüllt. Wenn der Druck der Eichel am Gaumen ankommt, das ist ein geiles Gefühl. Deswegen habe ich auch gern lange Schwänze, die kann ich ganz tief reinschieben, tiefer als die Gurgel.

Es kommt schon auch öfters ein Brechreiz. Aber es ist geil. Man hört auf, holt Luft, lutscht und saugt dann weiter, und dann stoß ich ihn mir wieder ganz tief rein.

Rinaldo

Ich mag es sehr gerne, wenn Schwänze nach Pisse schmecken. Wenn Schwänze überhaupt Geschmack haben. Bei Leuten, die sehr auf Sauberkeit achten, was ja leider sehr viele sind, und die sich ständig waschen, womöglich noch mit Seife, da hat man dann eher einen Seifengeschmack im Mund. Das find ich blöd.

Ich mag, wie gesagt, den Geschmack von Pisse. Aber ich muß jemanden sehr mögen, um einen nach Pisse schmeckenden Schwanz auch in den Mund zu nehmen. Wenn jemand mir nicht so gut gefällt, finde ich das ekelig.

Aber es ist doch ein vergleichbarer Geruch und Geschmack bei den unterschiedlichsten Männern da. Sperma schmeckt dagegen sehr, sehr viel unterschiedlicher als Schwänze. Bei manchen süßlich, bei anderen schmeckt es eher bitter, bei anderen sauer. Aber das koste ich nicht mehr aus. Außer bei meinem Freund, von dem ich weiß, daß er getestet und HIV-negativ ist.

Grundsätzlich mag ich alle Arten von Sperma – auch wenn es scharf schmeckt. Ich trinke auch gerne Pisse. Alles, was im Zusammenhang mit Schwänzen steht, gefällt mir. Es gibt keinen Geschmack oder Geruch, den ich widerlich fände. Auch das Pinkeln ist ein Genuß für mich, eine Sache, die man dauernd macht und die ich sehr angenehm finde. Ich genieße das jedes Mal.

Trans

Ein verhaßter Teil am eigenen Körper oder doch ein Schmuckstück, das nicht zum Ganzen paßt? Oder der unendlich ersehnte Körperteil? Im Tausch der Geschlechter kann er bleiben, muß er weg, muß er neu erschaffen werden, damit Menschen neu entstehen.

Lothariane-Charlotte

Ich muß sagen, daß mich meine männlichen Geschlechtsteile immer sehr aufgegeilt haben. Und das ist geblieben bis heute. In der Betrachtung meines eigenen Schwanzes hat sich zeit meines Lebens nichts verändert. Ich betrachte mich nackt vor dem Spiegel noch immer genauso gerne, wie ich mich in meiner Schulzeit und davor betrachtet habe. Ich glaube, wenn ein Menschenkind gesund ist und mit sich seelisch eins ist, dann bleibt das auch das ganze Leben über.

Sicher, es hat alles ein wenig nachgelassen. Seit meinem fünfzigsten Lebensjahr bin ich nicht mehr so agil gewesen und ab sechzig hat's noch ein bißchen nachgelassen. Aber zwei Mal die Woche muß ich schon onanieren. Länger halte ich es nicht aus! Und wenn ich es dann mal zehn Tage aus Arbeitsbelastung oder sonst einem Grund nicht gemacht habe, dann kann's auch passieren, daß ich es zwei Tage hintereinander mach. Ich bin jetzt achtundsechzig, ich kann noch zehn Jahre leben. Da kann es schon sein, daß es sich noch weiter abschwächen wird. Das ist ganz klar. Aber auch, wenn einmal gar nichts mehr sein sollte, ich würde mich immer noch gern im Spiegel betrachten. Weil ich daran einfach Freude habe. Ich finde das hübsch, wenn es erregt ist. Ich finde es auch hübsch, wenn es nicht erregt ist. Ich habe keine Probleme damit. Vielleicht auch deshalb nicht, weil ich eben Mann und Frau in einem bin.

Ich bin Transvestit und homosexuell. Nicht transsexuell. Denn ich würde mich auch heute, wenn ich jung wäre und das Geld hätte, nicht umoperieren lassen. Meine männlichen Geschlechtsteile haben mich nie gestört. Ich würde sagen, sie sind eine hübsche Verzierung!

Für die Sexualität finde ich meinen Schwanz schön. Ansonsten lebe ich in meiner weiblichen Mentalität und bin auch glücklich mit dieser weiblichen Mentalität. Wenn ich hier im Haus alles schön sauber machen kann und eine schöne Schürze trage, und ich wasche mir meine Wäsche oder ich gehe wie gestern ins Geschäft und sage, haben Sie einen schönen Unterrock, ich möchte gerne einen wärmeren haben für den Winter, und die Verkäuferin fragt, ja, welche Größe haben Sie denn, und ich sage, Größe 44. Frauengrößen passen mir!

Da gibt es kein Problem. Die Verkäuferinnen sind nett. Ich bin ja schließlich ein bissel bekannt hier in Berlin. Stadtbekannt. Die freuen sich immer und sagen, Charlotte ist da, vom Museum in Mahlsdorf, ach, das ist ja nett, daß Sie bei mir kaufen, oder: das ist ja nett, daß Sie in unser Café kommen. Dann kommen sie gleich mit dem Gästebuch.

Ich muß sieben Jahre alt gewesen sein, da war ich auf dem Gelände eines Nacktkulturvereins und sah die ganzen Leute. Irgendwie fand ich die alle ästhetisch und hübsch, obwohl ich vom Erotischen her gar nicht wußte, warum. Und dann bin ich alleine mit dem Rad in den Wald gefahren, wo keine Freikörperkultur war, und habe mich da nackend ausgezogen und bin streckenweise durch den Wald gegangen und fand das schön. Ich habe mir dabei immer vorgestellt, es kommt jemand, der mich sieht. Aber es kam keiner. Ich habe immer gedacht, vielleicht kommt einer, der mit mir etwas macht. Aber was genau, wußte ich damals noch nicht.

Als ich in die Pubertät kam, habe ich mich am Nacktkulturstrand gewundert, daß die Mädchen da nun nichts hatten, und ich habe mir gedacht, vielleicht kriegen die da noch etwas. Ich stand oft vor dem Spiegel und habe mir alles zwischen die Schenkel geklemmt und mir gedacht: Wenn das alles weg ist, dann ist nichts mehr da. Aber dann fand ich wieder, daß das ein sehr schönes Spielzeug ist und sehr gut zum Onanieren.

Ich muß schon gestehen, daß ich auch ein bißchen in meine eigenen männlichen Geschlechtsteile verliebt bin, daß mich das geradezu narzißtisch angetörnt hat. Schon als Kind. Wir hatten auf dem Boden so altes Gerümpel und Möbel. Und einen alten Spiegel. Der stand eingepackt hinter dem Schornstein. Ich habe ihn ausgepackt und schön geputzt. Das war dann immer mein Onanierspiegel. Da war ich ganz alleine auf dem Boden, und es hat mich auch nicht geniert, wenn es Winter war und kalt. Ich wußte, da oben stört mich keiner! Die Bodenkammer war mein kleines Geheimnis, mein Refugium.

Ich habe meine Geilheit immer ausgelebt. Ich habe mir zwei Spiegel hingestellt, wenn ich alleine war und onaniert. Die Röcke hoch ... Ich kannte einen Mann, der Artist war und ein paar Jahre jünger als ich. Der konnte sich zusammenkringeln und sich selbst bis zum Orgasmus lecken. Das konnte der! So richtig in den Mund nehmen auf die volle Länge! Er hat über Wochen versucht, mir das beizubringen. Ich machte Kopfstände und so artistische Übungen, daß ich das auch lernen würde. Aber ich habe das nicht geschafft! Ich habe oft gedacht, wie schön wäre es, wenn!

Ich hatte mal eine Beziehung mit einer sehr maskulinen Frau oder besser gesagt einem Fräulein. Sie war siebzehn Jahre älter. Sie war die absolut Dominante. Das hat mir gefallen. Ich bin durch sie eigentlich aufgeklärt worden. Ich bin ihr heute noch dankbar. Sie sagte immer, sei froh, daß du einen Schwanz hast. Du ziehst dir Kleider und Röckchen an, du siehst süß aus wie ein Mädchen, du stehst vor dem Spiegel und mit dir kann ich machen, was ich will, was ich mit anderen Männern nicht machen kann. Ich war immer zufrieden. Ich brauche nur meine Kleider und was ich sonst so brauche, um mich wie eine Frau anzuziehen. Und das reicht mir auch.

Da ich auch bei ihr der weibliche Teil war, der unten liegende, und sie eben der aktive Teil, habe ich auch erfahren, wie es einer Frau geht. Ich habe manchmal darüber nachgedacht, wie das wäre, wenn ich ein richtiges Mädchen in allen Teilen auch körperlich geworden wäre. Ich habe das oft verglichen mit meiner Groß- oder Nenntante, die das Gegenstück zu mir war, nämlich ein männliches Wesen in einem weiblichen Körper.

Meine Großtante hat, als ich fünfzehn war, zu mir gesagt: Sieh mal Kind. Jeder Mann hat weibliche Hormone, jede Frau hat männliche Hormone. Wenn das Verhältnis stimmt, ist es gut. Stimmt es aber nicht, dann gibt es weibliche Männer oder männliche Frauen. Diese Menschen erfüllen auch ihren Lebenszweck, denn die Natur will ja gar nicht, daß sich unbedingt alles vermehrt. Das hast Du im Tierreich, das hast du in der Pflanzenwelt. Das hat schon der berühmte und verdienstvolle jüdische Sexualforscher Dr. Magnus Hirschfeld mit seinen Mitstreitern in den 90er Jahren des vorigen Jahrhunderts wissenschaftlich ermittelt. Mir hat das eingeleuchtet.

Ich hatte nie den Wunsch, ganz und ausschließlich Mann zu sein. Seltsamerweise. Eher noch den Wunsch, voll und ganz Frau zu sein. Ich habe immer gedacht, wenn du nun eine richtige Frau geworden wärst, hättest du vielleicht weniger Gefahren zu bestehen gehabt. Aber dann habe ich mich getröstet und mir gesagt, es gibt so viele Menschen, die das gleiche Schicksal haben wie ich.

Ich bin Mann und Frau in einem. Deshalb heißen mein Büchlein und der gleichnamige Film auch „Ich bin meine eigene Frau". Ich habe das Glück, beides zu sein.

Der Ehrlichkeit halber muß ich sagen, daß ich mir mehr Busen wünschte, als ich eben habe. Eine Frau zog bei einer Diskussion mal ihren Pulli hoch und rief, schauen Sie, ich habe auch nicht mehr als Sie. Da klatschten die ganzen dreihundert Leute. Ich sehe so viele Frauen und Mädchen, die auch nicht mehr haben. Das tröstet mich immer und dann denke ich, was willst du eigentlich? Was du hast, ist in allen Bestandteilen echt, also mußt du damit zufrieden sein.

Christopher M., geborener Claudia Elisabeth

Ich weiß, daß ich absolut nicht in die verschiedenen Geschlechterklischees hineinpasse, mich in keinem wohl fühle und in keinem die Erfüllung finde. Damit fängt es an. Niemand hat mich je so gut als Frau behandeln können, daß ich mich wohl gefühlt hätte. Allein die Anrede „Frau“ war für mich immer schon falsch. Es gleicht einer Beleidigung.

Schon als Kind war ich ein Bub. Bis irgendwann jemand zu mir gesagt hat, du bist ein Mädel, wieso rennst du so herum? Und ich habe darauf geantwortet, was bin ich? So habe ich festgestellt, daß ich von den anderen nicht als Bub angesehen werde.

Ich nehme an, daß die Erkenntnis, was ich wirklich bin, für mich traumatisch war. Das Erlebnis eines jeden Menschen, wenn er in der Pubertät feststellt, aha, das bin ich, ist schon sehr verwirrend. Aber die meisten Menschen fangen sich dann wieder und blühen in ihrem Geschlecht auf. Aber je mehr mein Geschlecht „aufgeblüht“ ist, desto mehr bin ich verfallen. Als ich dann die ersten Frauenbeziehungen hatte, habe ich mir einerseits gedacht, aha, ich bin also lesbisch. Andererseits habe ich mir gesagt, ich bin nicht lesbisch. Denn alle meine Frauen hatten vorher Männer und keine Frauen. Das gab mir dann schon zu denken, ob mich denn die auch als Mann sehen.

Gerade dann, wenn ich eine Frau angreife, fühle ich mich als Mann. Aber das Problem ist, daß du immer wieder erkennen mußt, daß dem doch nicht so ist. Denn wenn du dich als Mann fühlst, dann willst du auch das tun, was ein Mann tut. Das ist in dieser Situation am härtesten. Ich werde als Mann wahrgenommen und kann das, was ich als Mann machen will, nicht tun. Und da fehlt mir dann doch was. Viele verwenden Ersatzdinger aus Kunststoff. Aber damit kann ich mich nicht wirklich anfreunden. Ich weiß, es ist nicht meiner, und das stört mich dann. Ich würde es sicher bewußter genießen, wenn etwas an mir hängt oder an mich angenäht ist. Obwohl ich mich bewußt wo hineinsteigern kann, daß ich bestimmte Dinge ausleben kann. Wenn ich meine Augen zumache, sehe ich, daß mich meine Freundin an einem männlichen Genital angreift. Ich kann mich hinlegen und das Gefühl haben, von meiner Freundin an einem Schwanz befriedigt zu werden, den ich nicht hab, solange nichts passiert, was mich daran erinnert, daß ich einen weiblichen Körper hab. Mich an der Brust anzugreifen, wäre ein grober Fehler, ein fataler Fehler, dann wär's zack, bumm, aus.

Ich verändere wahrscheinlich meinen Bewußtseinszustand. Ich kann meine Augen zumachen und mir vorstellen, wie ihre Hand ein männliches Genital an meinem Körper berührt. Die Tatsache, zuzusehen, wie der Partner einen angreift, ist schon eine menschliche Reizung. In dem Moment sehe ich, wie ich als Mann befriedigt werde.

Ich habe eine sexuelle Reizung, die ich mit einer Berührung in Verbindung bringe. Ich sehe dieses Bild vor mir und spüre eine Emotion dabei und erlebe eine suggestive Assoziation mit diesem Gefühl, das ich in meinem Kopf hab. Man kann sich das so vorstellen, daß Situationen, die man öfter erlebt, automatisch zusammenhängen. Wenn zum Beispiel bei einem Versuch das Drücken eines gelben Knopfes mit Wärmeeinwirkung verbunden ist, dann wird man wahrscheinlich auch dann Wärme verspüren, wenn nur der Knopf gedrückt wird und keine warme Luft kommt.

Die Gesamtheit macht den Mann aus, und nicht der Schwanz. Das ist mein Denken und auch das meiner Freundin.[43] Nur weil einer was Fleischliches zwischen den Beinen hängen hat, ist er nicht unbedingt ein Mann.

Manuela L., geborene Manuel L.

Wir waren in meiner Kindheit eine relativ arme Familie. Mutter und Großmutter sind Wäsche waschen gegangen in den Waschsalon. Eines Abend, da war ich zirka sechs, sieben Jahre alt, gab es keinen Pyjama für mich. Ich sollte daher das Nachthemd meiner Schwester anziehen. Natürlich war ich als Bub erzogen und habe gesagt, nein, nein, nein, das zieh ich nicht an. Also wurde ich gezwungen dazu. Und als ich dann im Bett gelegen bin, habe ich mir gesagt, hoffentlich kann ich das jetzt immer

43 Dazu Lebensgefährtin Roswitha T.: „Es ist mir nicht wichtig, ob er einen Schwanz hat. Ich hatte mehrere Beziehungen zu biologisch ganz normalen Männern und die waren sicher nicht männlicher als der Christopher. Ich sehe mich selbst sicher nicht als lesbisch. Ich bin sexuell. Ein bißchen bisexuell muß man aber wahrscheinlich sein, wenn man einen transsexuellen Partner hat, denn sonst hätte ich wohl ein Problem, seinen Körper anzugreifen."

anbehalten. Aus heutiger Sicht habe ich damals schon gespürt, daß ich kein Bub, sondern viel lieber ein Mädchen sein möchte.

Mit dem Ende der Pubertät habe ich gewußt, daß ich eine Muschi haben möchte. Man darf das Frausein jetzt nicht nur auf die Muschi beziehen, aber es gehört mit dazu. Die Muschi ist das I-Pünktelchen, das ich an Frauen eifersüchtig betrachtet habe.

Aber ich habe meinen Schwanz deswegen nie gehaßt, so wie das bei vielen von uns vorkommt. Ich habe ihn nie gehaßt, weil ich ihn zum Abreagieren sehr gut habe gebrauchen können. Wenn es mir schlecht gegangen ist, dann habe ich ihn beschimpft: Du Arschloch, du bist daran schuld, daß es mir schlecht geht, weil ich dich zwischen den Beinen tragen muß. Ich habe ihm Watschen gegeben. Ich bin unter der Dusche gestanden und habe gesagt, du bist noch immer da? Warum kannst du nicht verschwinden? Mein Frust, meine seelischen Sorgen und Plagen habe ich an ihm ausgelassen.

Mit dem Onanieren hatte ich kein Problem. Aber ich hätte ihn mir am liebsten selber geblasen. Also habe ich eine Kerze gemacht und gewichst, damit mir das Sekret ins Gesicht spritzt, weil man in den Sexfilmen gesehen hat, daß die Frauen das gern haben. Ich habe dann auch mein eigenes Sperma verschluckt. Da war ich Mann und Frau in einem.

Bei meinen ersten Mädchenbekanntschaften so im Alter von siebzehn, achtzehn, neunzehn Jahren ist mir aufgefallen, daß ich meinen Schwanz einsetzen muß als Geschlechtswaffe. In gewissem Sinn ist er eine Waffe. Es soll Macht ausüben. Mein Schwanz hatte auch Macht über mich gehabt. Weil ich kompensiert habe damit, um meine Problematik zu bewältigen. Ich mußte mit meinem männlichen Körper zurechtkommen. In dieser Hinsicht habe ich meinen Schwanz sehr wohl auch als Waffe eingesetzt. Sex war für mich ein Mittel zum Zweck, um zu beweisen, ich bin ein Mann. Und dazu brauche ich meinen Schwanz.

Das hört sich jetzt vielleicht sehr verwirrend an. Ich habe viel Extremsport betrieben, damit ich männlich wirke. Ich hatte einen sehr guten Körperbau, siebenundsechzig Kilo und war durchtrainiert. Das hat sehr gut ausgesehen. Der Schwanz selber war zwar nicht sehr groß im ruhigen

Zustand, aber ich hatte sehr große Hoden. Das wiegt sich dann auf. Damals hat er für mich sehr viel bedeutet, weil ich als Mann auftreten konnte. Wenn ich nur ein ganz kleines Zwutschkerl [kleines Ding] gehabt hätte, ich weiß nicht, was dann gewesen wäre. Vielleicht wäre ich früher zur Operation bereit gewesen, wenn ich nicht diese Männlichkeit gehabt hätte, mit der ich mich selbst habe belügen können, daß ich ja doch ein Mann bin.

Zum ersten Mal habe ich mit einer Frau geschlafen, als ich einundzwanzig war. Ich hatte keine Ahnung von Sexualität. Alles, was ich wußte, kannte ich aus Filmen und Magazinen. Sexualität war für mich damals sehr abgegrenzt: Da ist der Schwanz, da ist die Möse, und dazwischen liegen die vielen Möglichkeiten, die man halt gesehen hat. Aber ich wollte etwas anderes sein, obwohl ich dieses Trumm [großes Stück] zwischen den Beinen hatte.

Mein Bewußtsein gegenüber meinem Schwanz hat sich mit meiner Frau geändert. Als ich sie getroffen hab, war ich vierundzwanzig, sie sechzehn. Am Anfang war der Sex kein Problem. Wie in allen meine Beziehungen habe ich in den ersten Monaten meine Problematik vergessen können. Für einen kurzen Zeitraum war ich wirklich Mann und habe mich einigermaßen wohlgefühlt. Bis dann nach einer Weile das alte Problem wieder aufgetaucht ist. Von Mal zu Mal, von Beziehung zu Beziehung stärker.

Plötzlich hat es nicht mehr geklappt. Wir konnten nicht mehr schlafen miteinander. Sie war wunderbar feucht, wir haben Sexspiele gemacht, aber wehe, mein Schwanz kam zu ihrer Scheide. Dann wurde sie staubtrocken und es ging nicht mehr.

Das war für mich ein herrlicher Zustand! Wir haben geheiratet, haben gesagt, das wird sich schon wieder lösen, es wird schon wieder gut werden. Für mich war das ideal. Ich mußte meine Schwanz nicht verwenden. Er war zwar da, ich konnte recht gut leben mit ihm, weil ich ihn nicht gebrauchen mußte, er ist steif geworden, klar, wenn er da ist, regt er sich. Aber ich mußte nicht dort hineinfahren damit, wo ich eigentlich wollte, daß in mich hineingefahren wird mit so einem Trumm.

Interessant ist, daß ich beim Wichsen und beim Oralverkehr immer sehr lange gebraucht hab, bis ich gekommen bin. Nur beim Vaginalverkehr nicht. Da war ich immer ein Schnellkommer. Ich kann mir das nur so erklären, daß ich möglichst schnell wieder raus wollte aus dem Loch.

Es war immer ein irrsinniger Frust, mit einer Frau zu schlafen. Mit meiner letzten Freundin, der Gabi, hatte ich das Pech, daß die ununterbrochen wollte. Ich habe zwar sieben Mal eine Ausrede gehabt, aber drei Mal mußte ich doch. Ich habe Streicheln, Liebkosen immer gern gehabt. Wenn ich nur diesen Schwanz nicht einsetzen mußte!

Als Menschen habe ich sie geliebt. Nur die Sexualität nicht. Ich habe es aber schließlich geschafft, einen Schalter beim Sex umzulegen und mich als Frau zu fühlen, wenn ich mit ihr geschlafen hab. Ich war dann die Frau, wenn ich in sie eingedrungen bin. Ich habe einen Steifen gehabt, aber gespürt habe ich, daß ein Mann in mich eindringt. Das stärkste Gefühl habe ich dabei nicht in der Eichel gehabt, sondern in den Lenden. In der Leistengegend, zwischen den Beinen nach innen. Wenn ich dann einen Orgasmus hatte, dann ist dieser komische Saft zwar vorne rausgekommen, aber gespürt habe ich ihn in mir drinnen. Ich habe geglaubt, mir zerreißt es den Bauch.

Christopher M., geborener Claudia Elisabeth

Ich habe mit meinem Körper gelebt, indem ich ihn ignoriert habe. Ich habe ihn nur als das akzeptiert, was er für mich ist. Als Träger meiner Seele. Meine Seele und mein Geist können ohne meinen Körper nicht leben. Deshalb habe ich ihn noch nicht zerstört. Nur weil ich damit leben muß, erhalte ich ihn auch am Leben. Andere zerstören ihn und zerstückeln sich. Ich denk mir, das ist das Zuhause meiner Seele, und deshalb muß ihn auch gut erhalten.

Ich bin gefragt worden, was einen Christen veranlaßt, den von Gott geschaffenen Körper zu verändern? Für mich ist es so: Gott hat meine Seele geschaffen, Gott hat meinen Geist geschaffen. Und man sagt dann immer, der Körper wird beerdigt oder eingeäschert und Geist und Seele kommen in den Himmel. Nachdem Geist und Seele auch von Gott sind, hat mich Gott, so wie ich jetzt bin, gewollt, und meinen Weg vorherbestimmt.

Die geistige und emotionale Haltung zu meinem männlichen Sein habe ich bereits. Das einzige, worum es jetzt noch geht, ist die „Banalität", meinen Körper plastisch aufzuputzen. Damit ich das, was ich empfinde, auch optisch darstelle und rechtlich darstellen darf. Wünschen würde ich mir einen perfekten männlichen Körper, den voll funktionsfähigen Körper eines Mannes. Aber ich weiß, daß das nicht geht. Ich hätte irrsinnig gern Kinder, doch ich will sie mir nicht machen lassen, ich würde sie gerne selber machen, zeugen! Und nachdem ich das nicht kann, werde ich keine eigenen haben. Ausgenommen vielleicht adoptierte Kinder.

Mein Leben kann nur besser werden. Und alles, was dann noch gut läuft, ist schon wieder sehr gut. Wenn ich die erste Operation habe, ist schon viel geschafft. In der ersten wird die Brustamputation beziehungsweise der plastischer Aufbau gemacht und dann die Eierstöcke- und Gebärmutterentfernung. Die ganzen Drüsen kommen aus dem Körper raus. Wenn du danach aufwachst, hast du das Recht, dich auf männlich umzubenennen. Daß du noch ein Scheide hast, ist wurscht. Du bist nicht mehr vermehrfähig, darauf kommt es dem Staat an. Ich könnte die Brüste sogar stehen lassen. Der Körper muß dem zukünftigen Geschlecht angepaßt werden.

Vor zirka acht Jahren startete ich bereits den ersten Versuch, meinen Körper operativ anpassen zu lassen. Dabei mußte ich feststellen, daß, wenn ich mir die Operationen selbst finanziere, sie 300.000 bis 400.000 Schilling kostet. Therapien und Hormonspritzen kommen noch extra dazu. Um die Operation von der Krankenkasse bezahlt zu bekommen, hätte ich zwei Jahre Therapie machen müssen, die selbst zu bezahlen gewesen wäre, und dann hätte ich vielleicht den Sanktus bekommen für die Operation. Aber am Ende sagt der Arzt vielleicht trotzdem nein.

Als dann mein Leben hinsichtlich Finanzen, Partnerschaft und Wohnen in Ordnung war, habe ich beschlossen, daß ich diesen Weg jetzt endgültig gehe und meinen Körper meinem männlichen Ich anpasse. Um mir innere Zufriedenheit zu verschaffen.

Ich lebe momentan in einer Phase, die es rein anatomisch in der Natur nicht gibt. Ich habe fast keine männlichen Hormone, ich habe aber auch sehr wenig weibliche Hormone. Durch die Dauermedikation von Orgametril wird mein Östrogenspiegel gegen Null gedrückt und der weibliche Rhythmus stillgelegt. Dem entsprechend liegt mir daran, daß ich bald die männlichen Hormone bekomme, denn die Hormone sind der Antrieb des Körpers.

Wenn ich jetzt demnächst das Testosteron krieg, dann bekomm ich eine Dosis, die höher ist, als sie ein Mann hat, weil der Körper Östrogene sehr wohl noch produziert. Deshalb wird eine so hohe Dosis verabreicht. Aber das artet dann so aus, daß du deine Freundin drei Mal täglich anspringen willst, weil du sonst durchdrehst. So erzählten mir zumindest einige Leute, die diesen Weg bereits hinter sich haben.

Das wird sicher schwer für mich. Ich muß ein Lösung finden, trotz treibenden Sextriebes mit meiner Unpenoidität klarzukommen. Denn bis zur Operation selbst dauert es noch einige Zeit. Und bis ich selbst einmal ein brauchbares Penoid habe, das wird erst recht noch lang dauern. Ob ich jetzt meinen Penis in ihr stecken habe oder meinen Finger, das ist ein Unterschied. Ich glaube, daß dann sehr wohl Probleme auftauchen werden.

Bis jetzt ist es mir nicht schwergefallen, so zu leben, weil ich selbst relativ wenig sexuelles Verlangen hab. Ich gebe gern meiner Partnerin, und das kann ich ja auch mit gottgegebenen Händen. Aber ich weiß nicht, wie das mit Testosteron weitergeht.

Was die Operationen betrifft, so ist die Sache bei den Brüsten noch relativ einfach. Es gibt beispielsweise die Technik, die Brustwarzen zuerst abzunehmen, dann die Brust zu verkleinern und die Brustwarzen wieder anzusetzen. Das ist ein heiklere Operation, aber das Ergebnis ist meistens schöner. Aber sie bedeutet auch, daß die Nerven durchtrennt werden. Und es kann passieren, daß die Warzen nicht mehr gut anwachsen und weniger empfindsam sind. Es ist auch schon passiert, daß die Warzen gar nicht mehr anwachsen und abfallen. Trotzdem stellt sich für mich die Frage, was habe ich zu verlieren? Ich hasse diese Dinger! Körperliche Empfindungen dieser Art stören mein geradliniges Denken. Meine Möse stört mich übrigens nicht so sehr. Ich kann allerdings nicht sagen, warum.

Beim Penoid ist die Frage, wer es macht. Tatsache ist aber, daß unsere Chirurgen noch nicht sehr viel Erfahrung haben. Sie sind recht willige Leute, aber sie bringen nicht viel Qualitatives zusammen. Es ist eigentlich unmenschlich, mit dem zu leben, was sie dir machen. Und zwar sowohl das Aussehen als auch die Funktionsfähigkeit betreffend. Wenn du quer pinkelst, so ist das nicht normal. Oder wenn es zu Harnröhrenverstopfungen kommt, so sind das medizinische Schwächen. Es kann fast perfekt sein, aber du kannst auch das Pech haben, daß die Operation dich nur komplett vernarbt und du ausschaust wie ein zerstückelter Teddybär.

Dann kommt die Psychologie ins Spiel. Ich kann zwei Narben haben und glücklich damit sein und mich total männlich fühlen. Aber die zwei Narben können mich auch ein Leben daran erinnern, daß da einmal etwas war, was mich immer noch stört. Es gibt ja so Fälle: jemand verliert die Beine und fühlt plötzlich einen Schmerz im großen Zeh. Wer sagt mir, daß ich nicht ein Leben lang spüre, daß da etwas ist.

Es gibt auch „Kunstpenoide“, die dir an den Körper angenäht werden. Darunter hast du die Klitoris und deinen restlichen Körper. Du kannst dir aussuchen, willst du jetzt künftig pinkeln oder bumsen damit. Das ist das Grundprinzip der meisten Chirurgen. Entweder er ist fest und hart und du pinkelst wie eh und je, oder er ist locker mit einer Harnröhre drin. Such's dir aus!

Wirklich gute Sachen gibt es wenige. Die machen sie zum Beispiel in Deutschland. Da wird die Klitoris in den Penis eingebaut und die Harnröhre hineinverlegt. Das heißt du hast tatsächlich ein Ding, mit dem du stehend pinkeln kannst und das auch an der Stelle ist, wo es hingehört. Es gibt in Deutschland auch einen Arzt, der sich damit beschäftigt, daß er dir deine eigene Klitoris an die Spitze setzt, damit das Ganze auch empfindsam wird. Das heißt, das Penoid ist empfindsam und verwendbar.

In Österreich gibt es Techniken, wo du deinen kompletten weiblichen Unterkörper behältst, nur im Sitzen pinkeln kannst und vorne eine

Fleischwurst hängen hast. Das ist für mich kein männlicher Penis. Auch wenn er vielleicht gut ausschaut. Aber ich könnt mir nicht vorstellen, da eine Klitoris und darüber was hängen zu haben.

Vielleicht geh ich also ein großes Risiko ein. Aber glaubst du, daß ich jetzt mit meinem weiblichen Körper so geile sexuelle Empfindungen habe? Wenn ich aus der Narkose aufwache, werde ich mir wahrscheinlich denken: Endlich ist es vollbracht. Es wird nicht perfekt sein, es wird nicht super sein, aber das ist es auch jetzt ganz und gar nicht.

Manuela L., geborene Manuel L.

Der Beschluß zur Operation kam im letzten Jahr der Beziehung mit Gabi, als ich noch mehr dem Alkohol verfallen war als je zuvor. Ich wollte verdrängen, verdrängen, verdrängen. In der Zeit, in der ich bei ihr in Damenunterwäsche leben konnte, wurde ich immer weiblicher und weiblicher. Als sie gesagt hat, du hast ja schon einen Busen wie eine Frau, da habe ich mich wohlgefühlt. Ich war damals sehr beleibt, ich hatte neunzig Kilo. Und plötzlich habe ich gewußt, so, ich muß jetzt was tun.

Ich habe einen Bruch zwischen mir und meiner Freundin initiiert. Zwar nicht auf das Thema Transsexualität hin bezogen, sondern auf die Art, daß es für mich einfach nicht mehr stimmt zwischen uns beiden. Drei Monate später habe ich ihr dann die Wahrheit gesagt. Und die erwartete Reaktion kam dann auch: Sie hat sich betrogen gefühlt um fünf Jahre ihres Lebens. Wir haben noch ein Mal miteinander geschlafen. Aber in diesem Moment war mein Schwanz für mich schon uninteressant. Er war nur noch ein seltsames Gewächs zwischen meinen Beinen. Ich habe ihn noch sehr selten zum Wichsen gebraucht, sonst hat er mich nur noch gestört. Er hat sich fast nicht mehr gerührt, obwohl ich noch keine Hormone genommen hab. Und mit der ersten Pille, die ich geschluckt habe, war er mental so gut wie nicht mehr vorhanden.

Der Weg hin zur Operation war ein langer. Ich habe sexuell alles ausprobiert, was für mich möglich war, damit ich vielleicht den Schritt der

Operation doch nicht machen muß. Ich habe ausprobiert, als Frau mit einem Mann Sex zu haben. Aber die Männer waren alle nur an meinem Schwanz interessiert, die haben nie die Frau in mir gesehen. Ich hab's mit Frauen ausprobiert, die haben auch alle nur den Mann in mir gesehen, sprich meinen Schwanz. Eine Weile hatte ich noch die Angst, mit meinem Schwanz auch meine Orgasmusfähigkeit zu verlieren. Doch dann bin ich in die Selbsthilfegruppe in der Villa [Rosa-Lila-Villa, Schwulen- und Lesbenzentrum in Wien] gegangen und habe erfahren, daß die Nerven der Eichel, die den Orgasmus ermöglichen, mitoperiert werden. Die werden ja nicht weggeworfen. Meine Klitoris jetzt besteht aus meiner ehemaligen Eichelspitze. Die Nerven der Eichel laufen ja von der Prostata weg. Die Eichelspitze wurde abgeschnitten und unten wieder angenäht als Klitoris mit den ganzen Nervensträngen.

Ich bin sehr geschlechtsmerkmalfixiert. Für mich ist ein Schwanz ein Schwanz und eine Muschi eine Muschi. Im sogenannten Alltagstest, den ich eineinhalb Jahre gemacht habe, habe ich ausprobiert, in meinem Schwanz eine Muschi zu sehen. Aber das ging nicht. Für mich mußte ein Muschi her. Ich war innerlich schon vollkommen Frau, aber dieses gewisse Etwas, dieses I-Tüpfelchen hatte mir noch gefehlt. Da war dieser Schwanz störend.

Ein halbes Jahr vor der Operation bin ich zum Operateur gegangen. Er hat mich gefragt, wie lange ich schon Hormonblocker nehme, damit das Tostesteron nicht mehr erzeugt wird. Ich hab's ihm gesagt, und daraufhin sagt er: „Naja, dann sind sie ja eh schon chemisch kastriert, dann machen wir gleich einen OP-Termin aus."

Mein Schwanz hat damals schon total absurd ausgesehen. Die Hoden sind gleich groß geblieben. Aber beim Duschen habe ich eine halbe Stunde Vorhaut schieben müssen, damit ich an mein kleines Eicherl herankomme.

Einige Zeit über habe ich versucht, ihn zurückzubinden, damit man nichts sieht, wenn ich als Frau unterwegs war. Aber ich habe dann doch akzeptiert, daß er da ist. Ich habe mich nicht gemartert und gefoltert. Ich habe ja gewußt, daß er verschwinden muß und verschwinden wird. Du kannst das trainieren, daß du dir die Eier in die Lenden hineindrückst. Viele tun das. Dann wird der Schwanz so weit wie möglich nach hinten gedrückt und die Hodenhaut wird drübergeklappt, damit man nichts sieht. Dann wird das Ganze noch mit Tapebändern verklebt. Manche tun es sogar antackern. Wenn der Schwanz nach hinten gebogen ist und die Hodenhaut darübergelappt wird, damit er nicht wieder nach vorne rutscht, tackern sich manche mit einer Heftklammermaschine die Häute zusammen. Nur damit sie baden gehen können und dieses seltsame Gewächs nicht sichtbar wird.

Es gibt die verschiedensten Sachen, was sich Leute antun. Das sind keine Masochisten.

Das lustigste Erlebnis, das ich mit meiner Männlichkeit schließlich noch hatte, kam drei Tage vor der Operation. Ich habe mir gesagt, so, jetzt gehst du noch ein Mal auf ein Pissoir. Ich habe mich also hingestellt und habe meinen Schwanz in die Hand genommen. Er war schon sehr klein und es war lustig, dieses Ding zwischen den Fingern zu halten. Zuerst habe ich einen Haufen Vorhaut zurückschieben müssen und schließlich ist so ein kleines Spatzerl hervorgekommen. Wie bei einem Kleinkind. Er war nur noch so zwei, drei Zentimeter groß. Aber ich hatte massenhaft Haut.

Danach bin ich nach Hause und mir ist der Einfall gekommen, daß ich mich jetzt von ihm verabschieden muß. Ich möchte noch einmal wichsen. Ich hab's probiert, es wurde ein bißchen was daraus, er wurde ein bißchen größer und dann habe ich eine halbe Stunde gearbeitet. Ich bekam einen Krampf in den Armen, aber gekommen ist nichts! Das war für mich das Zeichen, es ist wirklich richtig, was ich mache.

Trotzdem war das kein einfacher Schritt. Man gibt doch sein vorhergehendes Leben auf. Ein fixiertes, eines, das funktioniert. Es ist Stunde Null nach der Operation. Ich wurde in den Operationssaal hineingeschoben. Plötzlich war ich alleine. Ich kann heute nicht mehr sagen, ob ich dort eine Minute oder fünf Minuten alleine war, aber in dieser Zeit hat sich was abgespielt, was man über Sterbende hört oder über Leute, die schon tot waren: Mir ist mein Lebensfilm abgelaufen.

Eines der Bilder, das ich in diesem Film gesehen habe, waren ich und ein Mädchen am Maltschachersee. Das war meine erste wirkliche Freundin, mit der ich spielen konnte. Mit der habe ich Vater-Mutter-Kind gespielt und sie hat gesagt, sie will nicht immer die Mutter sein, ich soll die Mutter sein. Die habe ich dann gespielt. Zwei, drei Wochen waren wir dort auf Urlaub. Ich habe sie nachher nie mehr gesehen.

Am Operationstisch kam dann noch die große Frage auf, ob ich nicht doch nein sagen und aufstehen sollte. Aber es gab für mich kein Nein.

Am 20. Jänner 1997 war die erste Operation. Anatomisch und biologisch war ich bis dahin der Manuel. Mit der Operation wurde das Anatomische geändert. Es wird so begonnen, daß die Penishaut aufgeschnitten wird, der Penis herausgestülpt wird, die Schwellkörper entfernt werden. Der Eichelkopf liegt, bildlich gesehen, frei in der Luft, beim Damm ungefähr wird dann das Loch geformt, in das die Penishaut heineingestülpt wird. Die Hoden werden komplett ausgeräumt, ein Teil der Hodenhaut rutscht rein und wird zum Eingang der Scheide, die Harnröhre wird verkürzt, aus der Penisspitze, der Glans, wird die Klitoris geformt, der Harnausgang geformt, aus dem Rest des Hodensacks werden die inneren und äußeren Schamlippen geformt, die Hoden selbst werden Katzenfutter. Blödsinn, also ich vermute, daß die Hoden irgendwo in der Anatomie gelandet sind und irgendwelche Studenten daran herumschnipseln werden.

Die Operation dauert sechs Stunden und findet auf einem Gebiet statt, daß vielleicht zehn mal zehn Zentimeter groß ist. Nach sechs Stunden ist das alles geschwollen. Die müssen da in geschwollenem Gewebe herumbasteln und modellieren. Ich bewundere die Operateure, daß die trotzdem noch etwas zusammenbringen. Sie lassen die Schamlippen lieber größer, als daß sie zu klein sind. Wegnehmen kann man immer noch was. Bei mir ist es so geworden, daß die Schamlippen auseinandergingen in eine V-Form, eine sogenannte Schnabelfut. Bei mir war noch das Problem, daß die Harnröhre zu weit oben gelegen ist. Jetzt ist die Harnröhre nach hinten verlegt worden und die Schamlippen wurden verkleinert. Die Harnröhre funktioniert immer noch nicht ideal, das soll bei der nächsten Operation gelöst werden.

Im Spitalszimmer lag schräg neben mir eine ältere Burgenländerin. Die hat mich gefragt, warum liegen denn Sie da? Ich bin zwar heute offen, aber damals ist es mir noch nicht so leicht gefallen, darüber zu reden. Also habe ich überlegt, was kann ich der erzählen. Zuerst habe ich ignoriert, daß sie mich immer wieder fragt. Sie aber war lästig und ich hatte schließlich die Idee, ihr zu sagen, ich bin hier wegen einer Harnröhrenverkürzung und Tumorentfernung. Ich habe nicht einmal gelogen. Die Harnröhre wurde verkürzt und der Tumor, das waren die Hoden.

Ich kann heute noch immer nicht das Gefühl beschreiben, das ich hatte, als ich aus der Narkose aufgewacht bin. Und als dann am nächsten Tag der Druckverband abgenommen wurde und ich zum ersten Mal gesehen habe, ich bin eine Frau, da war ich im siebenten Himmel, überglücklich. Es war unbeschreiblich. In mir ist etwas explodiert.

Frauen haben mir gesagt, dieses Gefühl kennen sie, das war nach der Geburt ihres ersten Kindes auch so ähnlich. Ich habe mich selber geboren. In dieser Operation bin ich zuerst gestorben und dann wiedergeboren.

Obwohl ich ganz sicher nicht mehr zurückkehren will, gibt es eine einzige Situation, in der ich meinen Schwanz misse: Das ist, wenn ich dringend aufs Klo muß und ich kann mich nicht mehr einfach hinstellen und schiffen. Heute ist alles umständlicher.

Blicklust

Auch mit einem Bild kann man den Finger in die Wunde legen. Schwanzbilder sind Mannsbilder, die Kunst sein können oder eine Projektionsfläche für pornographische Lust. Sie können die Bigotterie zu untergraben suchen. Daher am Ende dieses Kapitels ein Plädoyer für eine erotische Kunst.

Dietmar Brehm

Kunst will Dinge, die versteckt sind, sichtbar machen. Dafür gibt es sehr viele Beispiele. Als Picasso älter geworden ist, sind die Schwänze in seinen Bildern immer mehr in den Vordergrund getreten. Die Bilder waren so aufgebaut, daß alles um den Schwanz gekreist ist. Diese Bilder sind seltsamerweise in den Museen eher versteckt.

Unsere Gesellschaft ist da noch immer in einem fatalen Bereich. Das kennt man ja seit der Renaissance und von früher. Auf Michelangeloplastiken des David haben sie immer wieder was draufgepickt, weil der Schwanz sichtbar war. Michelangelo war da sehr freizügig. Daher wurde auch sein jüngstes Gericht in der Sixtinischen Kapelle kräftig übermalt und übertüncht.

Das gesamte gesellschaftliche Getriebe kommt mir in dieser Hinsicht ein bißchen wahnsinnig vor, schizophren im buchstäblichen Sinn. Ich glaube ja sowieso, daß wir auf einem ziemlich geisteskranken Planeten leben. Wir sitzen auf dieser Kugel und keiner weiß, wohin wir durch das Weltall rasen.

Es wäre aber andererseits nicht interessant, wenn in der Öffentlichkeit pausenlos Schwänze sichtbar wären. So interessant ist das Trumm auch wieder nicht. Interessant ist ja der geheimnisvolle Aspekt der Erotik. Da liegt eher mein Ansatz und meine Gefühlsebene.

Obwohl ich sehr viel mit nackten Menschen zu tun habe. Eine meiner Tätigkeiten an der Hochschule ist ein Aktzeichenunterricht. Das darf man sich nicht im traditionellen Sinn vorstellen, aber es ist letzten Endes so, daß sich Mädchen und Männer ausziehen und stundenlang vor einem stehen. Man kann sie beobachten, im Detail, wie man sonst normal niemanden beobachten kann. Im Grunde genommen eine völlig unerotische Geschichte. Ich sehe da ständig schöne Frauen, schöne Männer, häßliche Frauen und grauenvolle Männer. Aber aus einem anderen Aspekt der Erotik heraus, der Beobachtung als solche. Was wird sichtbar, wenn man Körper beobachtet, was kann man daraus durch zeichnerische Vorgänge sichtbar machen?

Einmal in der Woche sehe ich also den ganzen Tag über nackte Menschen. So lange, wie man sie normalerweise gar nicht beobachten kann. Wenn man auf einem FKK Strand ist und jemanden lange beobachtet, dann kommt man in große Schwierigkeiten. Wie überhaupt in unserer Gesellschaft das ausgedehnte Beobachten einen verdächtig macht. Wenn man in der Straßenbahn oder in einem Zug sitzt und dir fällt in irgendeinem Gesicht etwas auf, und du beobachtest den, dann mußt du dich zusammennehmen, daß du nicht zu genau beobachtest und deine Beobachtung beobachtbar wird, denn sonst bist du sofort verdächtig! Der Faktor der Menschenbeobachtung ist normalerweise ein heimtückischer.

Martin E. Kautter

Ich selber bin schon ein starker Voyeur, sonst wär ich nicht Fotograf.* Es ist nicht besonders schwierig, Schwänze zu sehen zu bekommen. Ich gehe oft schwimmen. Unter der Dusche kann ich mir die Schwänze und den Rest meiner Mitduscher anschauen. Es kommt dann auch mal vor, daß ich einen anspreche, ob er sich nackt fotografieren läßt. Früher habe ich auch schon mal direkt gefragt, ob ich seinen Schwanz fotografieren

* Fotos von Martin E. Kautter finden sich in diesem Buch auf den Seiten 43–46.

darf. Aber selbst die abgeschwächte, nicht so direkte Frage nach Aktfotos sehen viele als Anmache an. Ich käme aber nicht auf die Idee, als Paparazzo aufzutreten und irgendwie Schnappschüsse zu machen von jemand, der seinen Schwanz nicht fotografiert haben will.

Ich bin zwar kein Klappengeher, aber ich geh trotzdem auf öffentliche Toiletten, um ein Bedürfnis zu befriedigen. Und wie beim Schwimmengehen ist der voyeuristische Teil ein schöner Nebeneffekt. Ein paar Mal habe ich auch was gemacht auf einer Klappe, aber das sind seltene Ausnahmen. Das voyeuristische Element interessiert mich da mehr.

Es gibt zum Beispiel eine Toilette in Berlin am Alexanderplatz, unterirdisch, da ist nach Büroschluß das ganz Urinal voll mit vierzig-, fünfzig-, sechzigjährigen Männern, die alle nur dastehen. Pinkeln tut von denen keiner, die stehen nur da und warten. Sie haben den Kopf leicht vornübergebeugt und drehen ihn mal nach links, mal nach rechts. Manche schauen beiläufig geradeaus. Mit der einen Hand halten sie ihr Aktenköfferchen, mit der anderen ihren Schwanz. Manche wichsen, manchen ragt ihr steifer Schwanz aus der Hose, ohne daß sie ihn berühren. Manche stieren ganz gierig auf die Handbewegungen des Nebenmannes. Wenn einer seinen Animateur gefunden hat, konzentriert er sich ganz auf den. Gesprochen wird kein Wort. Vielleicht faßt einer seinem Nachbarn an den Schwanz oder an den Arsch. Der läßt es zu oder stößt die Hand wieder weg. Wenn zwei sich gegenseitig wichsen, sind sie schnell umringt. Das bleibt dann nicht unbedingt beim Wichsen. Wenn solche Hauptakteure dann die Szene verlassen, gehen die Zuschauer und Mitwichser wieder zurück auf ihren Platz. Und wenn jemand kommt und pinkeln muß, rücken sie ein wenig auf die Seite.

Ich habe gedacht, ich bin auf einem fremden Stern, als ich da einmal unten war! Lauter so bieder angezogene Bürotypen! Wenn du sie oben siehst auf der Straße, dann denkst du, das ist der Biedermann schlechthin!

Das war schon ein nettes Erlebnis!

Auf den Schwanz als Thema meiner Arbeit bin ich schon nach den ersten Aktfotos gekommen. Da gab's Männer, die ihren Schwanz besonders gern präsentiert haben, und solche, die sich eher bedeckt gehalten und sich geniert haben. Der Schwanz war also immer so ein bißchen das Besondere, und ich bin schon einer, der gern den Finger in die Wunde legt.

Ich habe auch Arschlochfotos gemacht und bin damit in gewissem Sinn tabubrechend. Aber es geht mir nicht unbedingt um den Tabubruch, sondern darum, herauszufinden, warum etwas ein Tabu ist. Ich hoffe, darauf zu kommen, indem ich ganz oft die Situation wiederhole.

Auf das Thema Arschloch bin ich gestoßen, als mir während einer Darmspülung der Monitor gezeigt wurde, auf dem ich das ganze Prozedere genauestens verfolgen konnte. Ich habe also auf dem Bildschirm mein Gedärm von innen gesehen. Bei der Pforte ging das Licht aus oder der Monitor wurde abgeschaltet. Da habe ich mir dann so meine Gedanken über diesen ganzen Vorgang gemacht. Wir berühren unser Arschloch ja täglich, zumindest bei der Reinigung nach dem Stuhlgang, aber es ist irgendwie ein bä-bä-Bereich. Das wird uns als Kind eingeimpft. Also wollte ich gerade diesen bä-bä-Bereich groß herausstellen.

Ich habe Detailfotos von Arschlöchern gemacht, was gar nicht so einfach ist, und diese Aufnahmen dann, aufgeblasen auf ca. 1,85 mal 1,25 Meter pro Arschloch, bei einer Ausstellung gezeigt. Wenn man sich auf die Bilder einläßt, entdeckt man eine Vielfalt, die sonst ganz im Verborgenen liegt. Man wird im Vergleich der Fotos auch feststellen, daß kein Arschloch dem anderen gleicht. Das sind, so sehe ich auch meine Schwanzbilder, eigentlich Portraits.

Das vergleichende Moment spielt beim Schwanz natürlich auch eine wichtige Rolle. Wer hat nicht als Schüler nach dem Sportunterricht oder im Schullandheim oder im Freundeskreis seinen Schwanz mit denen der anderen verglichen und vermessen? Zuerst mal mehr aus Neugier als aus Geilheit.

Da gab's bei einer Schwanzausstellung in einer ganz normalen Kunstgalerie eine schöne Beobachtung: Die Heteromänner, also die, die als solche erkennbar waren, waren eher verunsichert, was die Konfrontation mit ihrem besten Stück angeht. Vielleicht haben sie gleich verglichen. Die sind eher schnell an den Fotos vorbeigegangen. Die Frauen waren aufgeschlossen, neugierig, offensichtlich begeistert. Ich hatte eine Wand mit

Schwanzfotos ikonenhaft zugepflastert. Eine Frau hat mir erzählt, daß sie die Fotos zunächst widerlich gefunden hat, aber daß sie sich immer wieder mal beim erneuten Anschauen damit auseinandergesetzt hat, bis ihr die frühe Vergewaltigung durch den Vater ins Bewußtsein gekommen ist. Allein wegen der Gespräche mit dieser Frau hat sich die Ausstellung für mich gelohnt.

Mir geht es auch noch darum, den Umgang mit dem Schwanz, dem Körper und der Sexualität zu normalisieren, ihn aus dieser Tabuzone herauszuholen. Daß zum Beispiel jemand, der einen kleinen Schwanz oder einen krummen Schwanz hat, nicht mehr meint, daß er einen defekten Schwanz hat und so weiter.

Ich habe herausgefunden, daß Schwule im Normalfall offener damit umgehen, ihren Schwanz zu zeigen und sich fotografieren zu lassen, daß es aber auch unter Heteros diesen exhibitionistischen Zug gibt von Leuten, die sich freuen und eine sexuelle Lust empfinden, wenn sie ihn zeigen und wenn er gar fotografiert wird.

Einmal war ein Fernsehteam bei mir, das für „liebe sünde" einen Beitrag gemacht hat über Schwänze in der Kunst. Diese Sendung ist ausgestrahlt worden, ich bin dabei gezeigt worden, wie ich Schwanzfotos mache bei einer gestellten Session mit einem Model. Nach der Ausstrahlung gab es ein paar anonyme Anrufe, auch bei meinen Eltern übrigens, obwohl die in der Provinz leben und in der Sendung überhaupt nicht erwähnt waren. Dann gab es einige Anfragen von Männern, die auch ihren Schwanz fotografiert haben wollten. Mit einem habe ich dann Schwanzfotos gemacht, einem Hetero, von dem ich nur Vor- und Zunamen weiß mit Postlageradresse. Der war ganz interessiert daran und geil drauf, jetzt auch Schwanzfotos von sich zu haben.

Dieser Akt des Fotografiertwerdens war für ihn ein Schutz und gleichzeitig eine Grenzüberschreitung. Hätte ich zu dem gesagt, zieh mal deine Hose runter, zeig mir deinen Schwanz, hol dir einen runter und ich schau dabei zu, der würde sich genieren, das zu tun. Der würde das vielleicht gern tun, aber er würde große Augen machen und den Kopf schütteln. Die Kamera legitimiert den tabuisierten Vorgang, sich vor einem Fremden zu entblößen, zu wichsen, sich einer exhibitionistischen Lust hinzugeben. Dieser Hetero hat dann gesagt, wir können ja gern wiedermal Fotos machen, wenn du magst. Ich weiß nicht, ob es ihm wirklich auf die Fotos angekommen ist, obwohl er auch vom Ergebnis begeistert war.

Er wollte mich dann noch vermitteln an einen Freund. Aber ich habe ihm gesagt, daß ich das nicht alles kostenlos machen kann. Da hat er dann doch den Schwanz eingezogen.

Dietmar Brehm

Es ist natürlich eine Implikation der Filmarbeit, daß ich ein Voyeur bin. Der beobachtende Blickpunkt ist mir der liebste. Selber vielleicht unerkannt sein, im Schatten stehend das beobachten, was im Licht passiert, oder in den noch tieferen Verschattungen! Da stochere ich gern mit den Augen herum. Davon zeigt ja meine Filmarbeit viel.

Ich zeige Körperlichkeit gerne, aber ich will sie nicht personifizieren. Es gibt ausgedehnte Filme, wo ich Körperteile so filme, daß gar nicht rückschlüssig wird für den Betrachter, was das für ein Körperteil ist, den er sieht. Meine Filmarbeit war immer sehr angesaugt an Körperdetails, ich habe Körper immer aus sehr großer Nähe gezeigt, detailliert. Um die Personen reduziert, als Zeichen zu zeigen und nicht so sehr als Gesamtheit vor der Kamera agierend und argumentierend. Auch im Unheimlichkeitsbereich. Aus einem Stück Schulter oder einem Stück Arm kann sich eine seltsame Geschichte entwickeln. Aus dem Grund zeige ich gerne Körperlichkeit. Es magnetisiert, wenn man eine Körperlichkeit zeigt, die nicht ganz erfaßbar ist.

In einem Pornofilm geht es um die Sache. Er zeigt sie so deutlich wie möglich, die Leute ziehen sich aus und es geht los. Bei mir sieht man Elemente, die man auch in einem Pornofilm sehen kann, aber viel aufgelöster. Dadurch aber auch andererseits viel deutlicher.

Ein Pornofilm, der unscharf ist, ist für einen Pornoliebhaber eine Fehlproduktion. Meine Filme funktionieren aber so, daß sie optisch in einem ambivalenten Unschärfebereich gehalten werden. Aber es sind viele andere Bildschübe der Relativierung vorhanden. Ich setze immer wieder etwas dagegen. Sexualität und Zerstörung sind so Sachen, die in meinen Filmen gleichgesetzt sind. Wie im Film „perfect II“*: die einstürzende Tacoma Bridge oder die kollabierende Brücke mit einer Serie absterbender Schwänze. Aber das klingt schon wieder plakativ, so plakativ ist es nicht. Wenn man sich den Film anschaut, ist er nicht so plakativ, wie ich das jetzt so sage.

Wenn man eine Kaderfolge hat, in der ein Hosentürl aufgemacht wird und eine steifer Schwanz schnellt hervor, dann ist das nur ein Gag, wenn die Kaderfolge an der falschen Stelle sitzt. Aber im richtigen Zusammenhang, ins richtige Verhältnis gesetzt mit anderen Bildern, kann sie ein starkes Zeichen der Bedrohung sein, das die Betrachter aufrührt.

Nur einen rein pornographischen Film zu machen, in dem die Leute herumlöchern, das wäre langweilig. Obwohl ich schon mal eine Zeit hatte, in der ich mir dachte, ich möchte einen rein pornographischen Film machen. Nicht, wie es normalerweise gemacht wird, aber schon im Kontext des pornographischen Filmes. Ich denke, man könnte diese Pornos viel besser und auch viel geiler machen. Nicht nur die Kamera draufhalten und bum bum bum ... Mehr kommen lassen, langsamer ... langsamer. Und dann läßt man auch die Leute mehr kommen ... kommen ... kommen.

Erwin Puls

Mein Pornofotoarchiv umfaßt wenige Bilder aus der Zeit von 1850 bis 1900, jedoch viele von 1900 bis 1940, 1950, und einige modernere Fotos aus den 60er und 70er Jahren. Es sind ausschließlich Schwarzweißfotos und alle sind in Wien mindestens erworben worden. Die meisten sind anonym hergestellt, also läßt sich nicht definitiv sagen, ob sie tatsächlich in Wien produziert wurden oder ob nicht das eine oder andere von einem

* „perfekt II“ entstand 1983.

Touristen hierher gebracht wurde. Meine Ansammlung der Fotos dürften so 2000 bis 3000 Stück umfassen.

Wie ich zu den Bildchen gekommen bin, das war reiner Zufall: Mein Buchhändler, bei dem ich zufällig vorbeikam, hatte von den vielen Pornoprozessen gelesen, sodaß er befürchtete, auch bei ihm werde eine Hausdurchsuchung stattfinden – in den 50er Jahren gab es eine Häufung solcher Prozesse in Wien –, und er hat mir in Panik einen kleinen Pappendeckelkoffer mit diesen Fotos vertraulich angeboten – für 100 Schilling oder so. Und ich habe zufällig das Geld gehabt und hatte auf einmal diese Fotosammlung daheim. Heute bin ich heilfroh darum!

Damals jedoch habe ich mich wahnsinnig geniert, weil ich mich zum Kauf solcher Schweinereien so leichtfertig überreden ließ. Vor meiner Mutter versteckte ich das Paket gut verschnürt unter meinem Bett und getraute mich nicht, es zu öffnen. Auch hatte ich eben meine erste Mädchenbekanntschaft mit Feigheit und Schamgefühl und den daraus resultierenden Versagensängsten erlitten.

Heute habe ich nun mal diese Fotos, und ich sage mir: Warum soll ich damit nicht auch mal was Anständiges machen, indem ich sie nicht nur wie Schmuddelzeugs behandle, sondern sie anständig und tiefschürfend als kleine Kulturgütlein bespreche. Ich bin ja schließlich auf dem Sektor der Kunst professionell ausgebildet, und irgendwann ist mir wertumkehrend aufgefallen, daß das ja Bilder sind, die eigentlich Mitleid verdienen, weil man sie so schlecht behandelt.

Diese Fotos sind eigenartig, weil sie höchst stimulierend die sexuelle Lust simulieren. Jeder weiß doch, daß das bloß gestellte Szenen sind und wie schwierig es für diese Männer gewesen sein muß, wenigstens einen Halbsteifen zu haben. Es ist auch kein Geheimnis, daß die Schausteller da fotografiert wurden, um primär pekuniären Profit zu machen. Die Frauen auf den alten Fotos waren meistens Prostituierte, und die Männer kamen wahrscheinlich aus dem gleichen Milieu. Gute Darsteller waren jene, die kaum Potenzprobleme hatten, aber es gab ja auch Professionelle, die dem Darsteller den Schwanz wichsten, nur damit er einigermaßen steht. Schließlich ist das Hergestellte keine Abbildung einer Liebessituation, in der es voll Glücksgefühl zu einer Erektion kommt. Die Damen hatten es etwas leichter, sie konnten Vaseline verwenden, um Reibungsschmerz zu vermeiden.

Und das Fotografieren selbst ist ein recht komplizierter Vorgang, weil die Fotos ja nicht so auszusehen haben, als seien es Dokumentarfotos. Die Schausteller mußten oft kuriose Koitalstellungen einnehmen, damit die Genitalien deutlich gesehen werden können. Würde man ein Liebespaar einfach fotografieren, dann wäre nichts als ein Paar hübscher Popscherln zu sehen. Dies aber reicht keinesfalls für ein anständiges Pornofoto.

Also sind die Fotografen gezwungen, einen ziemlich genauen Bildaufbau zu organisieren. Und das ist das Spannende, was diese Fotos in die Nähe von Kunst rückt. Weil sie nichts Leichtfertiges, nichts Zufälliges sind, sondern tatsächlich bildnerische Konstrukte. Die Fotografen sind ja keine Spanner, die sich irgendwo im Park herumtreiben oder durch ein Schlüsselloch fotografieren. Die stellen ihre Figuren hin, bringen sie in Stellung, in Pose, in eine Ordnung zueinander, achten auf den Bildausschnitt und die Belichtungszeit und haben meist auch noch die Laborarbeit selbst gemacht!

Im Prinzip hat sich daran in den letzten hundert Jahren nicht viel geändert. Die Technik ist halt besser geworden und es wird professionell gemacht. Früher wurde das in einem Schrebergartenhäusel mit einem wamperten Herrn und zwei willigen Damen mittels einer Agfa-Box amateurhaft gemacht.

Heute werden mindestens drei Spiegelreflexkameras mit Transportmotor gebraucht und aus der Fülle der Aufnahmen die besten herausgesucht, damit die genitalen Details wirklich gestochen scharf gezeigt sind. Aber am Prinzip hat sich nichts geändert. Nur, daß der Markt größer geworden ist, und daß, wie in der Werbung, die Gefallensmomente weltumspannend angenommen werden. Heute kann man Mädchen bezahlen, die in Rekawinkel, Singapur, Washington oder im Vatikan gleichermaßen gefallen sollen, weil diese Farbhefterln, diese globalisierten Produkte, nicht nur hier verkauft werden sollen und somit einer höheren Modeebene entsprechen müssen.

Früher war das nicht so. Wenn man die Fotos derselben Zeit aus Budapest oder Kopenhagen vergleicht, so sind Unterschiede deutlich zu bemerken, in der lokalen Mode der Kleidung, aber auch in den jeweiligen Darstellungsvorlieben. »Wiener« oder „Pariser" Fotografien, das waren allerdings Gattungsbegriffe: Wenn man in einer gut sortierten Buchhandlung fünf »Pariser« bestellte, dann haben die Leute gewußte, daß man fünf Fotos haben wollte, auf denen Frauen in reizenden Posen gezeigt sind, und wenn man „Wiener" haben wollte, dann hat der Verkäufer heterosexuelle Koitalszenen zur Auswahl vorgelegt. Das weiß ich, weil mir das jener Buchhändler erklärte, der mir damals das Pappendeckelköfferchen angedreht hatte. In Paris sind aber genauso „Wiener" hergestellt worden wie in Wien „Pariser". Vor Fälschungen war man auch damals nicht geschützt. Heute ist das leicht zu durchschauen, weil es von den vielen Mädchen, die in Koitalszenen vorkommen, auch Fotoreihen gibt, auf denen sie bei einem ordentlichen Strip zu sehen sind.

Ich glaube nicht, daß ein pornografisches Foto unbedingt der Präsenz eines erigierten Schwanzes bedarf; ich würde auch die „Pariser" zu den pornografischen rechnen und sie nicht als „erotische Fotografie" überhöhen wollen. Auf circa vierzig Prozent meiner Sammlung sind nur Frauen abgebildet, inklusive der weiblichen homosexuellen Darstellungen. Ich vermute, daß die nicht nur für Lesbierinnen gemacht wurden. Diese Fotos schauen eher so aus, als ob sie eine eingebildete Hyperpotenz des Mannes bestätigen sollen – die zwei würde ich ja auch noch schaffen.

Die Bilder sind fast immer so organisiert, daß der Kopf des Mannes abgeschnitten ist. Der Mann bleibt so relativ anonym – eine einfache Projektionsfläche für den Käufer. Von den Frauen sieht man die ganze Figur. Sie sind vor allem auf den alten Fotos ziemlich stark präsent und charaktervoll und gar nicht modisch typisiert. Sie scheinen viel präsenter als die Männer, die nur dazu vorhanden sind, daß der Betrachter die Möglichkeit bekommt, sich an ihre Stelle zu versetzen, sich in diesen Phallos hineinzudenken. Dieses Projektionsangebot funktioniert tatsächlich. Jetzt kenne ich die Fotos in meinem Archiv schon so lange und trotzdem passiert es mir immer wieder, daß ich in diese Falle tappe.

Ob der Schwanz noch eine andere Botschaft als ein Projektionsangebot ist, das sich an den Betrachter richtet, das müßte man tiefenpsychologisch ausleuchten. Tja, vielleicht die, daß der Penis die Omnipotenz als maskulines Herrschaftszeichen verdeutlicht. Die Produzenten jedoch machen Fotos, die sie verkaufen wollen und die vermitteln sollen, daß das, was sie zeigen, trotz aller Ängste möglich ist und jederzeit habbar. Und wenn man mit solchen liebenswürdigen Frauen schon nicht jederzeit zusammenkommen kann, so kann man die Bilder immerhin als jederzeit verfügbare Wichsvorlage gebrauchen.

Man kann die Geschichte der Pornofotos aber auch ästhetisch drehen, indem man bemerkt, daß der erigierte Penis die Mittelachse eines Bildes definiert oder die Diagonale, die Meisterformel oder sonst irgendwas. Dann hat er natürlich eine ästhetische Funktion. Es ist nämlich nicht auszuschließen, daß Fotografen daran gedacht haben, den Schwanz als das Element in ein Bild zu setzen, um Ordnung in diesem Gefühlschaos der Sexualität herzustellen. Wenn jedoch ein ästhetischer Priap auf einen realen Schwanz verweist, so erfüllt er keine ästhetische Funktion mehr, denn da richtet sich das Interesse und die Aufmerksamkeit geradewegs hinter das Bild auf das Bezeichnete, und die philosophisch ästhetische Arbeit wird um Jahre zurückgeworfen.

Andererseits ist es aber wieder kurios, daß solche Dinge in den Bildern oftmals nicht passieren. Keine Mittelachse, keine Diagonale, auch keine Meisterformel oder goldener Schnitt. Diese Dinge passieren allzuoft in diesen Bildern. Da bleibt dem Schwanz nur noch, zu einer zeigenden Funktion reduziert zu sein, nämlich zur maskulinen koitalen Bereitschaft – vielleicht jedoch ist dieser Fakt aber auch die Negation der klassischen Ordnungsfaktoren, die uns aus der Kunstgeschichte so lieb geworden sind.

Wie sich die Darstellung der männlichen Sexualität in der Kunstgeschichte verändert hat, das ist nicht allein am primären männlichen Geschlechtsteil ablesbar. Es änderte sich das ganze Mannsbild – vom knabenhaften Pipimatz der Antike zum traumanregenden Spargel der Romantik bis zum egozentrisch-knorrigen Ast der Moderne.

Sozialpsychologisch sprechen Pornofotos, und bevor es Fotografie gab die erotischen Druckgraphiken, von einem ganz tiefen Bedürfnis, das man aus der Öffentlichkeit nicht einfach verbannen kann, nur um so zu tun, als gäbe es das sexuell Triebhafte in einer kulturell hochwertigen Gesellschaft nicht. Beispielsweise war es im Josephinismus für den Kaiserhof undenkbar, sich mit Sexualität bildnerisch oder textlich auseinanderzusetzen, und doch gab es nicht nur den Hofmaler Peter Fendi, der wunderschöne Pornographiken herstellte und unter der Hand verkaufte. Wer hat an solchen artistischen Stellungen aus der Biedermeierzeit nicht seinen besonderen Gefallen? Solche Puritaner möchte ich wirklich kennenlernen.

Und doch ist die erotische Kunst zur „Schweinerei“ verkommen und dann irgendwo in den Bahnhofskiosken gelandet. Nichtsdestoweniger kaufen viele heimlich und mit schlechtem Gewissen diese Hochglanzdrucke, tragen sie heim, und am Häusel werden sie angeschaut. Nur solche Kitschdinger wie die Zigeunerin mit der abwechselnd linken oder rechten Brust aus der Bluse hängend, die dann die ganz mutigen Bankangestellten in ihrem Schlafzimmer hängen haben, genießen einigermaßen so etwas wie Erlaubtheit. Ist das nicht traurig?

Die dunkle Seite des Mondes

Mit dem Steifen tritt Unruhe und Scham in das männliche Leben. Auch Stolz auf die männliche Pracht, die so verletzbar scheint durch Krankheit, Kastration und Impotenz. Angst erwächst, Angst vor dem Alter, vor dem Tod, Angst vor den Instanzen, die das Wort „Sünde" als Waffe im Mund führen. Angst nicht nur um den eigenen, sondern auch als Ekel vor den Schwänzen anderer Männer. Doch jenseits des Sumpfes lockt das Land der Lebendigkeit.

Leo Lukas

Als ich meine ersten Erektionen wahrgenommen habe, hat mich das sehr beunruhigt. Ich bin in einem sehr liebevollen, aber stark katholisch beeinflußten Elternhaus aufgewachsen. Da ist das tabuisiert gewesen. Bei den Ministranten hat es ein Büchel gegeben, da ist drin gestanden: „Der Leib ist der Tempel deines Körpers. Du darfst dich nicht selbst beschmutzen." Einige Zeit als Kind hat mich das ganz schwer beschäftigt, ich habe ernstlich befürchtet, daß ich ein Sexualverbrecher werde, weil ich halt immer wieder Erektionen hatte. Ich habe verzweifelt versucht, mich zu konzentrieren, daß diese Steifigkeit weggeht.

In den Perry Rhodan-Romanen gab es Leute, die Teleporter waren. Die konnten sich woanders hinbeamen, sich an einen anderen Ort versetzen. Und als ich mich zum ersten Mal selbst befriedigt habe, habe ich hinterher gedacht, ich war jetzt ganz knapp davor, ein Teleporter zu werden. Noch ein Stückchen weiter und ich löse mich auf und setze mich woanders wieder zusammen!

Ich habe diese Erfahrung dann auch sehr häufig zu wiederholen versucht, bis ich nach ein paar Wochen oder Monaten draufgekommen bin, aha, das also ist „Wichsen" und aus dem Teleportieren wird nichts. Aber es ist so auch fein.

Franz M.

Ich war mit zwölf Jahren und zwei Monaten geschlechtsreif und wußte vor lauter Geilheit nicht, wohin damit. Also habe ich bis zu fünf Mal täglich onaniert. Damals war mein Schwanz, glaube ich, eine Art sich materialisierender Plagegeist, der immer dann in mein Leben trat, wenn ich ihn nicht brauchen konnte. Er hat schon auch gut getan, aber er war zu dominant. Und weil in den darauffolgenden Monaten meine schulischen Leistungen für meine Verhältnisse stark nachgelassen haben, habe ich befürchtet, daß aus ihm Gehirnmasse austritt.[44] Ich hatte wirklich Angst, daß ich durch das, was ich mit ihm aufführe, auf die Dauer verblöde.

Daß männlicher Sex auch mit Ejakulation zu tun hat, wußte ich damals nicht. Das mag heute ganz unglaublich klingen. Aber ich habe mich gefühlt, als wäre ich der einzige, der so etwas macht. Es hat mir gut getan, es hat mich für kurze Zeit erleichtert, aber ich kam mir doch irgendwie abartig vor. Meine Vorstellung von Sex war nämlich so, daß erwachsene Männer ihr Glied vorne zwischen die Beinen der Frau heranführen, dort antupfen und auf diese Weise Kinder zeugen. Heute kann ich mir durchaus erklären, warum ich dieses Bild hatte: Ich war noch ausschließlich mit der Geschichte von den Bienen und dem Blütenstaub aufgeklärt worden.

Zu dieser Zeit bin ich also jeden Tag mit einem Ständer aufgewacht, der sich nicht und nicht legen wollte. Mein erster täglicher Kreuzweg war daher, daß ich mit einer vorne spitz hervorragenden Pyjamahose an meiner Großmutter vorbei auf Klo mußte und dort auch noch so meine Probleme mit dem Urinieren hatte. Die Steifheit hat sich beim Schiffen zwar immer gelegt, aber beim Weg auf Klo hat mein Schwanz Blicke auf sich gezogen.

44 Diese Vorstellung ist kulturhistorisch gar nicht so abwegig. Hippocrates (460–377 v.u.Z.) lehrte, daß die beim Geschlechtsverkehr durch Reibung entstehende Wärme zunächst vom Geschlechtsteil ausgeht. „Durch Bewegung wird nun die gesamte Flüssigkeit im Körper erhitzt und geschüttelt. Dadurch schäumt sie auf und das Stärkste und Fettigste wird von der Flüssigkeit abgesondert, Die samenhaltige Flüssigkeit ergießt sich zunächst aus dem Gehirn, gelangt in das Rückenmark, von da an den Nieren vorbei in den Geschlechtsteil (VII 470 L.).“ Siehe Aristoteles 1962: IV, 457 (Anm.) (Becker).

Das hatte auch einen gewissen Reiz für mich, weil ich mich durch meinen Steifen ja auch ein bißchen erwachsen gefühlt habe und dieses Erwachsensein deutlich gezeigt habe.

Gleichzeitig war dieser steife Schwanz auch die Ursache für die eindeutigen Spuren, die meine zügellose Geilheit auf Pyjamahose, Leintuch, Polster und Bettdecke hinterlassen hat, und ich hatte große Angst, daß diese Spuren auffallen würden. Und natürlich sind sie aufgefallen, vom ersten Tag an. Aber ich habe mir eingeredet, die Oma sieht die gelblichweißen Flecken nicht. Wenn ich heute so darüber nachdenke, habe ich schon einen enormen Aufwand an Selbsttäuschung betrieben.

Eines der schlimmsten Szenarien wäre gewesen, wenn sie mich eines Tages zur Seite genommen und mich zur Rechenschaft gezogen hätte, was ich da dauernd tu, warum ich alles bekleckere. Das hat sie mir erspart. Wie ich viel später begriffen habe, wäre sie selbst eine sehr sinnliche und sexuelle Frau gewesen, der ihre Lebensumstände schier alles an Genuß verpatzt haben.

Ja, so habe ich mit der Scham, der Selbsttäuschung und mit der Schuld gelebt.

Ich war der Jüngste meiner Klasse, und als ich dann so etwa dreizehn, vierzehn Jahre alt war, war die Sexbesessenheit unter den Mitschülern allgemein. Ständig wurden Gelegenheiten gesucht, um irgendwas über Sex zum Besten geben zu können – jede neue Blödheit größer als die vorige. Damals kam die Geschichte auf, die sicher ein Erwachsener erfunden hat, daß ein Mann in seinem Leben 10.000 „Schuß“ abgeben kann. Ich habe mir ausgerechnet, wieviel Zeit bis zur Impotenz ich habe, wenn ich so weitermache wie damals. Das Ergebnis meiner Kopfrechnung war, daß es in meinen Endzwanzigern mit allem vorbei sein würde. Ganz habe ich die Geschichte mit den begrenzten Ejakulationen zwar nicht geglaubt, aber als Bedrohung war sie über längere Zeit präsent.

Augustinus hat mal geschrieben, Gott, gib mir Keuschheit, aber noch nicht jetzt. Mit demselben Gedanken habe ich jedesmal gelebt, wenn ich wieder geil geworden bin, weil ich die kranke Sexualmoral des Christentums voll inhaliert hatte. Aber gebeichtet habe ich meine Wichserei trotzdem nie. Nicht weil ich mich eigentlich im Recht gefühlt hätte, sondern weil ich mich viel zu sehr geschämt habe, um selbst im Zustand der Anonymität auszusprechen, was ich tat.

Georg-Philipp

Ich habe Angst, daß ich in die Hosen mache. Ja, wirklich! Erst so warm und dann so kalt, das ist unangenehm. Heute Abend, bei der Lesung, wenn ich da in die Hosen machen würde ... Das ist zwar mehr eine Geschichte der Blase, aber bei mir gehört das zusammen. Daß er sich nicht anständig verhält, diese Angst habe ich.

Bei meiner ersten Freundin habe ich noch geglaubt, daß die Kinder aus dem Bauchnabel kommen. Obwohl mich mein Vater aufgeklärt hat und die Schule und alles ... Die war ganz entsetzt. Und die zweite Freundin, da war ich schon siebzehn oder achtzehn, da habe ich noch geglaubt, wenn die Frau die Periode hat, dann wär sie fruchtbar. Das war mir schon recht unangenehm. Ich rede auch mit meiner jetzigen Freundin über Pille, ja oder nein ... Es ist schon was Unheimliches, diese Sache, Sexualität, Körperlichkeit überhaupt.

Franzobel

Für einen Pubertierenden ist der erigierte Penis oft etwas Unangenehmes, weil man ihn eigentlich nicht unter Kontrolle hat. Und oft bildet er ein Zelt im unangenehmsten Fall, und man fällt dann blöd auf – so als wandelnder Campingplatz.

Später wird der Penis durch die Prostataprobleme, die die meisten Männer im Alter kriegen, eine sehr negative Sache. Alte Männer gehen oft stündlich wischerln [urinieren], weil sie nicht wissen, ob was kommt oder nicht. Da wendet sich das starke Penisgefühl des Erigierten völlig ins Negative hinein. Aus der Macht wird Ohnmacht.

Es gibt auch ein Problem, was das Pissen anlangt: Ich kriege auf öffentlichen Toiletten oft genau in dem Moment eine Verhaltung, wenn jemand anderer hereinkommt und mir zuschauen könnte. Das hat angefangen, als ich zirka dreiundzwanzig war. Bis dahin hatte ich damit nie Probleme. Und plötzlich ist es nicht mehr gegangen. Und dann habe ich zu denken begonnen, und jedesmal, wenn ich daran denke, funktioniert es nicht. Gut, man kann auch damit leben. Dann, wenn man ganz notwendig muß, weil man glaubt, man platzt, geht es schon.

Kastrationsängste hat man sicher. Würde ich nicht leugnen. Dafür bleibt uns der Penisneid erspart. Nicht der sekundäre der Kleinschwänze gegenüber den Großschwänzen, aber der prinzipielle der Frauen gegenüber den Männern.

Kastration ist eines der furchtbarsten Dinge, die es überhaupt gibt. Ich muß mir immer Dinge anschauen, die mich besonders abstoßen. Und da gehören Bilder von Kastraten dazu. Und schon habe ich so Phantasien, daß der erigierte Penis in der Schlagschere steckt.

Als Fünfzehnjähriger hatte ich eher die Angst, daß die Frau ihn abbeißt. Das war schon irgendwie akut. Diese Vorstellung hat auch einen bestimmten Witz. Ich habe schon überlegt, dieses Bild als Dramastoff zu verwenden, dieses abgebissene Stückchen Eichel, das von Polizisten gesucht werden muß, damit es wieder angenäht werden kann, damit wieder intakt wird, was die Frau zerbissen hat im Eifersuchtswahn. Es ist einerseits total tragisch, und andererseits entbehrt es nicht einer gewissen Komik.

Frage: Hast Du spezielle Ängste, die sich auf den Schwanz beziehen?

Hermes Phettberg

Es gibt vielleicht zwei Mal im Jahr den Gedanken, wenn ich am Klo sitze, daß es da vielleicht irgendwelche Wasserschlangen geben könnte, die von unten heraufkommen und mir die Eier abbeißen. Vielleicht auch wegen dem bekannten, oft gekritzelten Klospruch: „Auf dem Klo da wohnt ein Geist, der jedem, der zu lange scheißt, von unten in die Eier beißt.“ So was gibt es, so einen Gedanken habe ich manchmal. Die können ja von unten herauf und beißen zu! Es hat noch nie jemand zugebissen, ha, ha, ha ... Diesen Gedanken gibt es zwei Mal im Jahr.

Sonst habe ich jede Menge Ängste. Aber erstens unbewußt und zweitens net unbedingt auf den Schwanz bezogen. Der Schwanz, der ist ganz, ganz ... entweder verdrängt oder nicht gegenwärtig, da ist nichts da! Da ist ja wirklich nichts da! Das sind 0,5 Zentimeter.

Die Beschneidung bedeutet für Aranda-Knaben bloß den Anfang des Initiationsrituals. Ein paar Wochen später werden sie von den Männern wiederum abgeholt, um ihre Penisse zu öffnen: Die Harnröhre wird von unten mit einem steinernen Messer aufgeschlitzt. Das Blut wird aufgefangen und wie Menstruationsblut behandelt. Die Wunde gilt als „Penisuterus“ oder „Penisvagina“. Für die Aranda besteht die Reifung eines Knaben nämlich nicht nur darin, ein Mann zu werden, sondern ein Wesen, das sowohl Männliches wie Weibliches enthält. [...]
Clifford Bishop[45]

Leo Lukas

Kastrationsangst habe ich selbstverständlich. Wenn in einem Film eine Frau mit einem Rasiermesser am Schwanz von einem Typen herumfährt, und sei es nur spielerisch, ist mir das nicht wurscht. Da zwicke ich schon die Beine zusammen ...

Auch wenn das bloß beschrieben oder symbolisiert wird. Ich habe bei sehr vielen Frauenkabaretts als Autor mitgeschrieben. Kabarettistinnen machen das gerne, daß sie zum Beispiel Karotten auf der Bühne zerhäckseln. Wenn das mit einem guten Text verbunden und schön fies gespielt ist, dann läßt mich das nicht kalt.

45 Bishop 1996: 38. Die Aranda sind ein australischer Volksstamm. Übersetzung durch Harald Friedl.

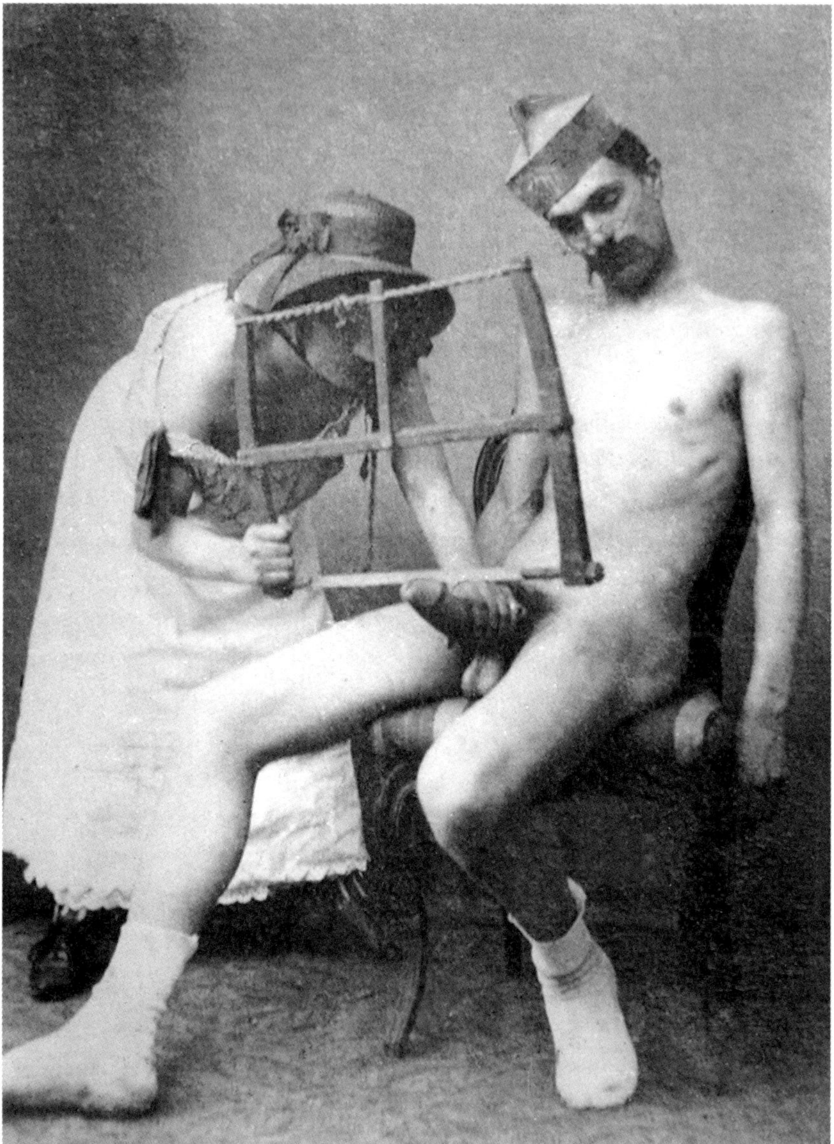

Altes Foto. Archiv Erwin Puls (Frau mit Säge)

Es ist so, daß in unserer, nach wie vor sehr männlich definierten Gesellschaft die Potenz eine riesengroße Rolle spielt, die ihr in diesem Ausmaß eigentlich nicht zusteht. Wenn ich mir anschaue, welche Hähnchen, ich sage nicht einmal Gockel, welche Hähnchen von Männern herumstolzieren, was die darauf verwenden, nur um Potenz zu signalisieren! Leute, die sich sieben Geländewagen mit den breitesten Reifen von ganz Europa kaufen – also praktisch dicke Eier. Was für ein Aufhebens speziell Männer völlig sinnloserweise mit ihrem Transportmittel machen! Das hat alles sehr viel mit Potenz zu tun. Man sagt ja auch, daß ein Motor „Saft" drinnen hat, das ist eindeutig konnotiert.

Die Potenz zu verlieren ... Ich denke nicht, daß ich mich umbrächte deshalb, aber ich glaube schon, daß ich da ganz schön zu kiefeln [kauen] hätte. Lust im Kopf zu haben, aber impotent zu sein – das muß fürchterlich sein. Ich würde eher einen gelähmten Arm als einen gelähmten Schwanz in Kauf nehmen. Ob ich aber dasselbe auch noch mit siebzig sagen würde, weiß ich freilich nicht. Mit siebzig wäre mir möglicherweise lieber, daß ich keinen mehr hoch kriege, als ich könnte nicht mehr Gitarre spielen wegen eines gelähmten Armes.

Napoleon Seyfarth

Es ist mir unmöglich, jemanden zu bumsen, der einen stark behaarten Arsch hat. Ich verknüpfe damit die Angst, ich könnte mein bestes Stück dabei verletzten, mir Haarrisse in der Eichel zuziehen.

Vielleicht hängen gewisse Kastrations- oder vielmehr Verletzungsängste auch damit zusammen, daß ich bis in die Pubertät eine Phimose hatte, eine Vorhautverengung. Bei den ersten Wichsversuchen schnappte die Vorhaut hinter der dicke Eichel ein und ging nicht mehr zurück. Oder nach vorne. Es hat höllisch weh getan. Nach meiner Beschneidung hatte ich dann den beachtlichsten und meist beachteten Schwanz Mannheims. Der Arzt hatte mein wundes Glied dick bandagiert – und das bei der damaligen Mode der engen Hosen! Ich bin später nie mehr so häufig angemacht worden wie in jener Zeit. Leider konnte ich mit der Anmache nichts anfangen. Denn ich hatte ja nur ein totes Huhn in der Hose.

Und dann ist da die Sache mit den „Vaginen“ oder „Mösen“ oder „Büchsen“, wie wir Eingeborenen der Pfalz dazu sagen. Uns wurde im Kommunionsunterricht noch allen Ernstes eingetrichtert, die Frau sei ein Gefäß der Sünde. Also konnte in diesem Gefäß nur Böses stecken. Und dann sprachen alle mich umgebenden Tanten und Großmütter in meiner Kindheit nie lustvoll über Sexualität, sondern nur blutrünstig. Sie erzählten von Hausgeburten, welche Schmerzen sie dabei gehabt und wie viele Liter Blut sie dabei verloren hatten. Und dann war da noch die monatliche Klage über Übelkeit, Schmerzen und Unwohlsein, die sie bei ihrer „roten Marie“, also der Menstruation, hatten.

Der Bereich zwischen den weiblichen Schenkeln war für mich als Kind also immer mit Schmerzen und Blut assoziiert. Und genau da hinein wollten meine Klassenkameraden, ihren Reden gemäß, immer ihr „Ding“ hineinschieben? Ich habe zwar in meiner Schulzeit drei mehr oder minder sexuelle Erlebnisse mit Frauen gehabt, aber mein Schwanz hat sich bei Einführungsversuchen, statt zu erigieren, einer ängstlichen Schildkröte gleich immer tiefer in sein Schildhaus zurückgezogen.

Ich hatte, wie die meisten Schwulen, zwar immer ein gutes und entspanntes Verhältnis zum weiblichen Geschlecht, aber nicht zu den weiblichen Geschlechtsteilen. Erst ab dreißig fing es an bei mir, daß ich mich ab und zu bei dem Gedanken ertappte, wie es wohl wäre, mein „Ding“ in eine „Dinga“ zu stecken. Und auch die Vorstellung, daß ein ausgewachsenes Traummannsbild sich auszieht und mir statt seines Schwanzes eine Möse präsentiert, ist in meiner Phantasie schon vorgekommen. Ich gestatte mir immer mehr, solche Phantasien auch zuzulassen. Götz George oder Markus Schenkenberg mit einer feucht-warmen Muschi wären für mich auf jeden Fall erregender als Hannelore Kohl oder Maria Hellwig mit einem stahlharten Fleischwurstschwanz. Also scheint sich Sexualität doch nicht nur an den primären Geschlechtsteilen festzumachen.

Der Schwanz symbolisiert männliche Pracht und Herrlichkeit und gleichzeitig deren größte Schmach und Niederlage. Allzeit bereit und zu allem fähig soll der Mann sein. Dabei sind viele, außer zu allem, zu nichts fähig. Ich nehmen an, daß bei Achilles die Achillesferse unterhalb des Nabels hing und bei Siegfried der wunde Punkt nicht auf dem Rücken hinter einem Lindenblatt verborgen lag. Der Schwanz und dessen Leistungsbereitschaft ist die Achillesferse von uns Männern. Hier sind wir, ob homo oder hetero, verletzbar und angreifbar.

Manche Männer fürchten den Verlust der die Männlichkeit symbolisierenden Potenz mehr als den Tod. Und schwule Männer fürchten den Tod weniger als den Verlust der sexuellen Attraktivität. In diesem Sinne ist Aids für manche auch ein kleiner Trost. Man stirbt ja, bevor man alt und unansehnlich ist.

Ich war in meinem Leben schon einige Male krank, ich wurde mehrmals operiert, ich überlebte zwei schwere Unfälle, ich war beim Sterben von Freunden dabei – Hand aufs Herz, Sterben und Tod fürchte ich nicht. Aber Hand aufs Schwänzchen, ich habe grauenhafte Angst vor dem Kathederisiertwerden. Als mein Freund Alex im Endstadium von Aids im Krankenhaus war, lag er völlig nackt auf seinem Bett ohne Zudecke. Die einzige Bekleidung war ein Blasenkatheder, der aus seinem Schwanz in die Urinflasche führte. Seitdem kann ich mir alles ohne Angst vorstellen – abgemagert im Sterbebett zu liegen, intravenös ernährt zu werden. Nur eines will ich auf keinen Fall zulassen: Daß mir ein Arzt ein Plastikding in die Harnröhre einführt. Allein bei der Vorstellung zieht sich jetzt schon mein Schwanz in die Bauchhöhle zurück.

Dietmar Brehm

Wenn es um Sex geht, dann ist er das absolute Objekt! Dann geht es um den Schwanz, darum, daß er einfach funktioniert. Darin liegt dann seine ganze Bedeutung. Aber wenn er nicht funktioniert, ist das weiter auch kein Problem. Ängste habe ich mehr vor einer geistigen Impotenz als vor einer Schwanzimpotenz. Die könnte ich leichter ertragen. Wenn sich der Schwanz ausschaltet, kann das auch wieder interessante Assoziationen bringen und vielleicht auf eine ganz neue Weise Filme und Bilder entstehen lassen. Aber wenn das Gehirn impotent wird, wäre das eine Tragödie.

Impotenz [ist] die charakteristische Sexualangst des patriarchalischen Mannes. Was niemand in einer mutterrechtlichen, nicht auf Leistung bezogenen Gesellschaftsordnung interessiert – wie oft der Mann „kann" und wie groß sein Penis ist –, stellte die Kernfrage des patriarchalischen Sexuallebens dar – zumindest in den Augen des Mannes der herrschenden Klasse. Die gesamte griechische Literatur der Sexualität ist eine Literatur der Potenz. Der Koitus hieß erga, „Leistung" ; die Manneskraft hieß myelos (eigentlich „Rückenmark"); gonikos war „zeugungsfähig", deshalb auch gonime („Zeugungsader") für Penis.
Ernest Borneman[46]

Franzobel

Er ist wahrscheinlich doch, glaub ich, zuerst einmal ein Werkzeug. Ich mag dieses Funktionsdenken eigentlich nicht. Ich glaube, es ist auch verpönt. Aber trotzdem lebt man damit und wird damit erzogen, daß er ein Werkzeug ist, das zu funktionieren hat. Er ist ein Gerät, etwas, das man einschalten kann. Frauen haben Apparate, Männer ein Gerät.

Das ist ja ganz verrückt beim Penis, auch bei der Lust: Wenn ich merke, ich bin nervös oder es geht mir ganz schlecht, dann habe ich erotische Bilder. Die variieren. Und ich weiß, wenn ich an die jetzt denke, dann krieg ich einen Steifen. Und davon wird das schlechte, ungute oder nervöse Gefühl dann vertrieben. Das hält zwar auch nicht was weiß ich wie lang an, aber meistens funktioniert das für eine Weile. Das ist fast anknipsbar. Andererseits gibt es auch das Problem der Impotenz, das ich auch mehr

46 Borneman 1975: 225f.

geistig kenne als wirklich, aber wenn man daran denkt, er könnte nicht funktionieren, dann ist es auch schon so weit. Sobald du ein Problem fürchtest, ist die Gefahr, daß es bereits ein Problem ist, groß. Aber wenn man denkt, das wäre jetzt auch wurscht, dann ist es wieder vorbei.

Intrigant! Verräter! Verbrecher! Schuft! So hältst du dein Wort!
Alberto Moravia[47]

Denn wider aller Erwarten war es bei der Schlumpe, einem ungrischen Weibe, ganz und garnichts Rechtes mit ihm, und ganz und gar nicht war er auf dem Posten, worüber sein Ärger unmäßig war und auch sein Schrecken. Denn das Mensch lachte ihn nicht nur aus, sondern schüttelte auch bedenklich den Kopf und meinte, da müsse was stinken und nicht geheuer sein; ein Bursche von seinem Bau, dem's plötzlich nicht mehr gelänge, der sei des Teufels Märtyrer, dem müsse man es gekocht haben, – und was solcher Reden noch mehr waren. Er schenkte ihr viel, damit sie es seinen Kumpanen nicht sagte [...]
Thomas Mann[48]

Fritz Ostermayer

Ich habe vor kurzem in Schattendorf mit einem Sechzigjährigen geredet. Er hat gesagt, es wird immer schwieriger und schwieriger, er will nicht funktionieren, er steht nicht. Das Herumnörgeln hört auch nicht auf, in der Hoffnung, daß das kommt, was man Orgasmus nennt.

Eine schiache Vorstellung. Der Ostbahn Kurti hat einmal den schönen Satz gesagt, es wäre überhaupt kein Problem, wenn das Begehren auch im Hirn nachließe, weil dann ginge alles im Gleichklang bergab. Aber im

47 Moravia 1994: 7.
48 Mann (1875–1955) 1967: 147f.

Schädel wird es immer mehr und immer wahnsinniger. Du wirst älter, die jungen Menschen verlieren aber trotzdem nicht ihren Reiz, wenn du sie anschaust.

Ich werde immer mehr zum Voyeur, komme ich drauf. Diese Hennes & Mauritz Mode gefällt mir so gut. Das kommt mit dem Alter, daß ich irgendwann keine Chance mehr hab, irgendwo noch reinzudringen in die Jugend. Es ist der Verlust von Jugend, der mir Angst macht, nicht so der Verlust von Manneskraft, sondern der von Attraktivität. An diesem Punkt bin ich eigentlich eh schon längst. Das läßt mich manchmal richtig frustriert sein. Wenn du alt bist und immer willst und nichts mehr geht, dann ist das sicher eine Verdoppelung des Unattraktivseins.

Rinaldo

Mir fällt dazu spontan „Vergänglichkeit“ ein. Schwanz und Alter. Man weiß ja, daß viele alte Männer gar keine Erektion mehr bekommen oder zumindest Schwierigkeiten haben damit. Sie haben auch oft Probleme, das Wasser zu halten und so. Das Alter ist schon ein gewisses Tabu in Zusammenhang mit Schwänzen.

Der Martin E. Kautter hat einmal gesagt, daß der Schwanz der Körperteil ist, der völlig verschwindet nach dem Tod. Er löst sich völlig auf. Da gibt es keinen Knochen. In Zukunft ist nichts mehr da, was überhaupt daran erinnert, daß da ein Schwanz gewesen ist. Die Augen verschwinden auch, aber zumindest ist die Augenhöhle noch zu sehen. Man hat noch die Stelle im Skelett, wo die Augen waren. Und so ist es mit ganz vielen Körperteilen. Schwanz und Hodensack verschwinden vollkommen, spurlos, ohne daß man davon noch irgendwas sehen könnte. Sie sind besonders vergänglich, was die Sache umso interessanter macht.

Verfluchter Knecht, wie unerwecklich liegest du!
Und deinen Herrn ums schönste Glück betrügest du.

Doch Meister Iste hat nun seine Grillen
Und läßt sich nicht befehlen und verachten,
Auf einmal ist er da, und ganz im stillen
Erhebt er sich zu allen seinen Prachten.
Johann Wolfgang von Goethe[49]

Karl L.

Ich fürchte mich nicht vor Impotenz. Ich lehne es ab, mir für mein Leben negative Szenarien auszumalen. Die einzige Angst wäre ... Ich hatte viele Jahre ein rein gesundheitliches Problem, das mein Leben geprägt hat. Ich hab durch einen übersehenen Tripper, da war ich dreißig, fünfunddreißig, chronische Uritritis bekommen. Das war für mich die Hölle! Bei jeder Verkühlung habe ich nicht einen Schnupfen bekommen, wie jeder andere Mensch, sondern eine Harnröhrenentzündung! Das ist so weit gegangen, daß ich eine Frau nur habe anschauen brauchen und sofort einen Ausfluß gehabt hab.

Ich habe ja ein sehr polygames Leben geführt und nie genau gewußt, habe ich jetzt wieder einen Tripper? Und bevor ich jetzt allen wieder erklär, daß ich einen Tripper habe, weil ich durch die scheiß Uritritis dauernd einen Ausfluß gehabt hab, bin einmal die Woche ins AKH gelaufen, um einen Abstrich machen zu lassen. Die haben mich schon so angeschaut und gesagt, da kommt schon wieder der Wahnsinnige, der den Tick hat. Und ich hab gesagt, seid ihr deppert, seid froh, wenn ich lieber zwei Mal zu oft komme als ein Mal zu wenig.

Ich bin jahrelang zu Ärzten gegangen und hab einen richtigen Verfolgungswahn gekriegt. Zu einem Arzt habe ich gesagt, ich bin jetzt fünfunddreißig Jahre alt und wenn das so weitergeht, dann kann ich meine Sexua-

49 Goethe in Marcuse 1984: 82f.

lität in den Kübel hauen. Darauf hat er gesagt, machen sie sich nichts draus, das geht vielen Männer so. Ich habe einen wahnsinnigen Haß auf diese Ärzte gekriegt.

Bis auf eine Ausnahme. Eine Ärztin ist cool damit umgegangen. Alle anderen haben dir das Gefühl gegeben, du hast hier etwas Verwerfliches. Das ist irgendwo mit Sünde verbunden. Die haben mir das Gefühl gegeben, als wäre ich ein Schwein. Nicht nur bei mir war das so. Auch den betroffenen Frauen ist es bei anderen Ärzten genauso gegangen. Deren Umgang mit Geschlechtsteilen ist dermaßen verklemmt, daß sie es mitverschulden, daß Leute eine gestörte Beziehung zu ihrem Geschlechtsteil kriegen, weil sie sich gar nicht hingehen trauen und ihren Schwanz oder ihre Fut auspacken und sagen, ich habe da was!

Ein Mal vor ein paar Jahren hat mir wieder eine Alte Trichomonaden angehängt. Aber rein vom Statistischen her ist das schon drinnen. Sonst habe ich seither nie wieder was gehabt.

Ich hab nach wie vor eine viel größere Angst vor Tripper und Trichomonaden als vor Aids. Weil mich das unheimlich viel Energie in meinem Leben gekostet hat. Aber ich habe nie meinen Schwanz dafür verantwortlich gemacht, sondern immer die Futten.

Wenn ich heute eine Frau kennenlerne, die kann sich von mir aus mit anderen Haberern [Freunden] paaren, das ist mir wuscht. Aber wehe, sie schleppt mir was an! Von dem habe ich genug! Ich würde nicht sagen Angst, aber das ist etwas, was mir lästig ist, unendlich lästig.

Pamela Andersrum

Die meiste Angst hab ich vor gewissen Krankheiten. Falls man etwas ungeschützt macht, was doch hie und da vorkommt, wie gesagt. Davor habe ich eigentlich die größte Angst.

Es muß nicht unbedingt Aids sein. Es kann auch ein Mundtripper sein, es können Pilzerkrankungen sein, was ich zum Glück alles noch nie erlebt hab.

Ich gehe auch regelmäßig zur Kontrolle, jede Woche, und ich höre mir immer an, was die Mädchen so reden. Da kommt mir schon manchmal das Kotzen. Aber das sind aber meistens so Straßennutten, denen das passiert. Eine Hure, die auf sich hält, die macht sowas eh nicht, die ist sich viel zu schade dafür, sich für sowas herzugeben. Also kann das auch gar nicht passieren.

Das sind die Ängste, die ich hätte. Aber sonst? Daß ich irgendwas Böses an einem Schwanz sehe, irgendwie ein Feindbild? Ja, Frauen können sich sehr bedroht fühlen von Schwänzen. Aber Männer?

Wo die zwei Wege sich treffen, steh ich Priapos als Wächter,
zwischen den Schenkeln mir ragt steil meine Keule empor.
Aufgestellt hat mich als Helfer Theókritos; mach, daß du fortkommst,
Dieb, damit du nicht schreist, wenn du den Knüppel verspürst!"
Leonidas von Tarent in den Carmina Priapea[50]

Die Gleichung Waffe = Penis, die auch von den Buschmännern und anderen ähnlich sanften Völkern hochgehalten wird, scheint überall dort zu gelten, wo Männer jagen.
David D. Gilmore[51]

Wenn du dieses Ding fliegst, bist du so beschäftigt wie der Zuchtbulle auf der Ranch meines Daddy![*]

Fritz Ostermayer

Da Sexualität bei vielen Männern ja als Macht definiert und codiert ist, kann ich mir vorstellen, daß viele den Schwanz wirklich mit Waffe assozi-

50 Kytzler (Hrsg.) 1978: 59.
51 Gilmore 1991: 176.
* Mit diesem Hinweis beginnt für Pilot Jake Preston (Nicolas Cage) das Training an einem neuartigen Kampfhelikopter in dem Spielfilm „Airborne – Flügel aus Stahl" von David Greene, USA 1990.

ieren. In der klassischen Vergewaltigung ist der Schwanz wahrscheinlich wirklich nichts anderes als die Waffe der Demütigung und der Machtausübung. Jetzt sag ich schon wieder was Triviales. Aber mir fällt dazu nichts anderes ein als was Triviales.

Höhlengemälde aus Lascaux

Ich glaub, daß jeder saublöde Familienvater, der seine Familie drischt, ein ziemliches Machoschwein auch im Sexuellen ist und seinen Schwanz als Waffe einsetzt wie seine Faust. Ich möchte nicht wissen, wie viele Waffen an einem Abend in den Schlafzimmern hierzulande gezückt werden, Schwanzwaffen, die die Frauen über sich ergehen lassen, damit sie nicht auch noch die Faustwaffen zu spüren kriegen.

Ich komme aus so einer Familie. Die Mutter hat hackeln [arbeiten] müssen, der Vater ist auf und davon und ich bin in ein katholisches Internat gekommen, weil es am nächsten gelegen war. Die Pfaffen haben ein bißchen dazugezahlt zu den Kosten, damit sie uns ausgreifen können, die Schweine. Ein Turnpfaffe hat es bei mir mal gemacht. Ich war total wütend, habe mir gedacht, dieses Schwein, was will das von mir? Auch Mitschüler haben es probiert. Auf die war ich nicht so zornig und habe gesagt, ich will das nicht, leg dich wieder in dein Bett. Ein paar Mal haben es welche probiert, dann war wieder Ruhe, weil sie sich jemand anderen gefunden haben, der sie gewähren hat lassen. Aber beim Pfarrer habe ich mir gedacht, Schwein. Klassische Groer-Fälle![52] Die haben von Befleckung, Selbstbefleckung gepredigt, daß alles schweinisch ist, und dann betatscht mich der Typ.

Einen Widerwillen gegen die Schwänze anderer Männer hatte ich aber schon vorher. Seit der Jungschar. Da habe ich einem Jungscharführer einmal einen runtergeholt. Auf dem Tischtennistisch. Er hat so lange gebettelt, bis ich es gemacht habe. Das war ein fader, zwiderer [mißgelaunter] Typ. Als er gespritzt hat, hat es mich schon gegraust. Ich habe gehofft, er spritzt mich nicht an. Er hat zum Glück in eine andere Richtung gespritzt. Damals habe ich mir vorgenommen, diese Höflichkeit erweise ich kein zweites Mal mehr.

Wenn es so ist, daß jeder heterosexuelle Mann auch homosexuelle Neigungen hat, dann müssen die bei mir schon sehr verschüttet sein. Bei Pornofilmen sind mir die Männer hinderlich. In diesen Pornofilmen, in denen die Pimmel herumhüpfen, haben die Männer meistens auch noch schwarze Socken an und lange, dicke Koteletten vor den Ohren. Mir ist lieber, ich seh den Schwanz nicht und nur die Frau und könnte mich von außen in das Bild einbringen. Ich brauche keinen Substituten, der stellvertretend für mich mit der Frau schläft. Da ist mir die Frau solo lieber. Und wenn schon ein Mann dabei sein muß, dann will ich so wenig wie möglich von dem Mann sehen. Vielleicht auch aus ästhetischen Gründen. Ich finde Männerkörper wirklich nicht so schön, weder den total aufgeblasenen, durchtrainierten Männerkörper ... Am ehesten gefallen mir noch solche, die fast leptosom sind. Tom Waits- oder Schiele-Figuren. Ausgemergelte, hagere Gestalten mit einer Ästhetik des Verfalls gefallen mir sehr. Aber wenn die mit einem Erigierten herumhüpfen würden, wäre das fast schon wieder eine Lächerlichkeit.

---

52 Anspielung auf den ehemaligen Wiener Erzbischof Hans Hermann Groer, der wegen öffentlich gemachter Anschuldigungen sexuellen Mißbrauchs zahlreicher Jugendlicher und klösterlicher Mitbrüder seine Ämter zurücklegen mußte, die Kardinalswürde jedoch weiter behielt.

Dietmar Brehm

Es kommt immer auf die Umstände an, ob und wie mich der erregte Schwanz eines anderen Mannes betrifft. Taugt mir die Körperlichkeit des anderen oder taugt sie mir nicht? Sehe ich ihn aus einer heimlichen Beobachtungslage?

Meine Erfahrung ist eher, daß es bis zu einem gewissen Grad peinlich wirkt, als daß ich mir denke, das ist jetzt geil. Ich kenne auch Situationen, wenn einem einer mit dem steifen Schwanz gegenübertritt. Das hat immer etwas Überrumpelndes. Es ist eine gewisse Radikalität, wenn man es bei einem anderen sieht. Die Radikalität liegt im Optischen. Was immer verborgen ist, steht plötzlich vor einem. Da ist mein Empfinden eher so, daß ich gleich mal einen Schritt zurück mache.

Ich hatte in Pubertätszeiten so Erlebnisse in einem Bad. In einigen Kabinen gab es Gucklöcher. Und der in der anderen Kabine merkt, daß er beguckt wird und produziert sich noch. Das war zugleich anziehend und abstoßend. Aber das kommt wieder auf die Situation an. Ist ein Körper grausig behaart, dann wende ich keine weiteren Blicke hin. Der Schwanz ist ja schließlich nie isoliert, sondern von einer Körperlichkeit umgeben. Da laufen die Faktoren zusammen, ob es ein angenehmes Empfinden ist oder ob es ein grausliches Empfinden auslöst.

Ein Schwanz hat natürlich schon auch für sich eine eigene Ästhetik. Es gibt sehr schöne, wie es schöne Gesichter gibt, und es gibt Gesichter, da denkt man sich, hier ist alles schief gegangen. Es ist auch eine Frage der Proportion. Wenn man eine künstlerische Arbeit macht, bekommt man eine gewisse Proportionsempfindlichkeit. Nicht, daß nun jeder ein Schwarzenegger-Muskelmann sein muß, aber gewisse Proportionen müssen zusammenstimmen. Zu massive oder zu dicke Glieder gefallen mir nicht, diese typischen Männlichkeitsvorstellungen vom Schwanz, die riesenlange Latte, der Speer oder so.

Isoliert hab ich mir Schwänze noch nie angeschaut und drumherum alles vergessen! Gegenüber Frauen ist es genauso. Ich kenne Frauen, die nicht sehr erotisch wirken, aber es spielt sich viel über das Gehirn ab. Im

Idealfall ist es halt so, daß ein schöner Körper mit einem idealen Gehirn besetzt ist. Und aus dem heraus entsteht vielleicht ein kommunikatives Pingpong, das sich auf der Gehirn- und auf der Geschlechtsebene abspielt.

Georg-Philipp

Wenn ich einen steifen Schwanz ganz nah vor mir hab, würde ich erschrecken.

Wenn ich ihn auf Video sehe, damit kann ich umgehen. Früher haben mich Schwänze in einem Porno ungemein gestört. Ich hatte daher auch lieber so billige Sexfilme, die nie einen Schwanz zeigen. Aber das war mir dann doch zu wenig deutlich.

Einen realen, erigierten Schwanz vor mir zu sehen, das hätte schon etwas Erschreckendes. Denn der will ja etwas! Ein steifer Schwanz will spritzen. Er will sich ausdrücken. Anhand von mir, mit meiner Hilfe. Diese Hilfe möchte ich ihm nicht geben, glaube ich.

Und was den eigenen betrifft ... Ich glaube schon, daß man ihn schützen muß. Ein passives Bedürfnis ist das, daß er geschützt sein will.

Irgendwann hat ein Lehrer von mir gesagt, der Schwanz ist an der Stelle des Körpers, wo er am geschütztesten ist. Der Kopf ist, verglichen damit, jeglichem Übel ausgesetzt.

Auch vor der Frau, mitunter. Das Gefühl, das die Frauen immer für sich pachten, hatte ich auch einmal. Daß man sich nachher schmutzig fühlt. Natürlich, der Samen ist drin, der Schwanz ist weg, man hat den Scheißdreck ... Ein Mal ist mir das passiert, daß ich mich sehr schmutzig gefühlt habe nachher.

Erwin Puls

Warum sollen mich Schwänze stören? Mich stören sie nicht! Ich habe ja nicht einmal ein Problem, mir männlich homosexuelle Pornofotos lustvoll anzuschauen. Obwohl die Vorstellung, selbst in einen homosexuellen Akt verwickelt zu sein, mir doch einigermaßen unangenehm wäre. Das Irritierende daran wäre, einem fremden Steifen Liebkosungen zukommen zu lassen, die ich eigentlich nur mir selbst gönne. Es könnte sein, daß Konkurrenzneid oder Eifersucht meine Einstellung bestimmen –, das ist jedoch nur so eine ad-hoc-Hypothese, mittels derer ich mir eine Entschuldigung zu dieser meiner Einstellung zurechtmache.

Die Pracht meines Priaps erlebe ich, wenn ich mich bei einem geglückten Koitus ganz verlieren kann, oder wenn eine mir sympathische Frau sich liebreizend für ihn zu interessieren vorgibt. Auch in der Art, daß eine solche Frau mehr nach meinem Phallos als nach meiner Person lechzt, daß sich ihr Blick dominant begehrlich auf mein Geschlecht richtet, würde mich eher beglücken und nicht wirklich stören. Wenn es meinem Schwanz gut geht, dann ist das die Chance, einigermaßen zufrieden mit dem Leben zu sein.

Es war nämlich für mich mühselig zu lernen, meinen eigenen Penis als appetitlichen, unsündigen Körperteil zu verstehen. Die Anwesenheit der Abwesenheit von Schuldgefühlen, beim Selbstbefriedigen etwa, war ziemlich schwierig herzustellen. Es kommt manchmal trotzdem ein Problem auf: etwa, wenn eine erotische Beziehung nicht funktioniert, dann bin ich wieder in einen Gewissenskonflikt geworfen, dann ist wieder das alte Schuldgefühl da, etwas Unrechtes getan zu haben.

Oder schlecht geht es mir, wenn ich zur rechten Zeit keinen Steifen kriege. Dann bin ich eben erfolglos geil und ungerecht! Jedoch in meinem Alter gibt es in solchen Situationen schon Nuancen der Empfindlichkeit. Wenn es beispielsweise beim Onanieren passiert, dann ist das Versagensgefühl wesentlich geringer als beim Koitieren. Und manchmal ärgert es mich bloß, wenn er nicht steht. Und wenn er zuvor prächtig gestanden ist und dann auf sein alltäglich ärmliches Format schrumpft, dann kommt es darauf an, was davor passierte. War alles, was sich abgespielt hat, angenehm, kann ich einen Sinnenreiz der Befriedigung, einen des Wohlgefühls nicht leugnen. Aber wenn etwas Unangenehmes dabei passierte, wenn es zum Beispiel nicht funktioniert hat mit meiner Erektion und somit mit dem Beiliegen, dann ist das schon ein schlechtes Gefühl. Da ist wieder diese alte Geschichte aus der Kindheit, da ist wieder diese alte Vorstellung von Schuld und Sünde.

Aber mit der Potenzpille wird jetzt alles leichter.

Mario Wirz

Durch die HIV-Infektion hat sich an meiner Einstellung gegenüber meinem Schwanz nichts geändert. Man kann ihn nicht herauslösen aus dem Thema Sexualität. Mein Triebgeschehen ist durch die Medikation nicht mehr so wild. Die Dämonie des Unterleibes plagt mich nicht mehr so. Was manchmal auch sein Gutes hat. Wenn ich so an die Zeiten größter Gejagtheit denke, in denen ich sexbesessen, arschbesessen, schwanzbesessen durch die Gegend hetzte und keine Ruhe hatte, mich mit meiner Ausbildung oder was weiß ich zu beschäftigen ...

Es ist eine gewisse Friedlichkeit in meinen Unterleib eingekehrt. Durch die Medikation und das ganze Krankheitsbild habe ich heute selten Sex. Ich habe heute nicht mehr das, was Sexualität auch braucht: Unbekümmertheit. Ein Lachen.

Ich kucke nun nicht irgendwie grimmig oder böse auf meinen Schwanz und sage mir, oh du Bösewicht, hättest du es nicht so toll getrieben, dann hätte ich nicht das Virus eingefangen. Das wäre ja sehr verlogen und bigott. Mein Schwanz und ich haben ja sehr viel Freude gehabt miteinander.

Aber ich kann mir schon vorstellen, daß es Menschen gibt, deren Blick durch die Krankheit verzerrt und verdüstert ist und die für sich einen Sündenbock brauchen und sich sagen, mein Gott, hätte der Schwanz mein Leben nicht so dominiert, dann wär das alles nicht passiert. Aber das entspricht nicht meinem Naturell.

Ich könnte auch Lungenkrebs haben bei den Ketten, die ich rauche, oder Leberzirrhose. Das Leben ist eine lebensgefährliche Angelegenheit, um Erich Kästner zu zitieren.

Heimat Körper

Mario Wirz

Es gibt keine Obszönität von Geschlechtsteilen. Obszön ist unsere Verachtung. Obszön sind unsere lächerlichen Frauenbilder oder Menschenbilder, Pfarrerbilder, Tantenbilder, Mutterbilder, Vaterbilder, die wie Tumore wuchern und nur Krebsgeschwüre in unseren Ansichten erzeugen. Wir wachsen auf im Klima körperverachtender Witze und Zoten. Diese Witze, diese Bilder, die den Körper ausklammern und sich auf bestimmte Teile des Körpers konzentrieren, die sind obszön. Obszön ist die Verklemmtheit, die Verkrampftheit, mit der wir unseren Körpern begegnen. Wir sind in unseren Körpern nicht zu Hause und nehmen unsere Körper nicht an.

Bei allem, was wir denken, sagen und schreiben, geht es doch darum, daß wir uns aus unseren kleinkarierten Welten hinausbewegen. Denn die Beiträge im Fernsehen, die Pornos und Talkshows leisten dazu keinen Beitrag.

Es gibt eine so unglaubliche und zugleich lächerliche Menge an pornographischen Magazinen, wo alle Körperteile, die wir verhüllen, in allen Größen und Maßen abgebildet sind. Aber das hat nichts damit zu tun, daß wir damit eine größere Bejahung, eine größere Heimat in unserem Körper finden. Das kaschiert nur die Kultur der Verachtung der Geschlechtsteile. Ob du beim Militär bist oder im Lehrerzimmer: überall diese klebrige, verklemmte, widerliche Atmosphäre geschlechtsteilbezogener, sexbezogener Witze. Alles am Körper ist schön. Auch die Häßlichkeit ist eine Erfindung verkrampfter Hirne.

Entweder du bist imstande, einen Körper ganz und gar wahrzunehmen und anzuschauen und wirklich nichts losgelöst zu betrachten, oder du bist nicht dazu imstande.

Wir alle sind Opfer der Kultur der Verachtung. Wir kommen nicht an in unserem Körper, und wir kommen nicht an im Körper eines anderen. Das ist das Verhängnis des modernen Menschen.

So ein Buch wird die Welt nicht verändern, es wird der Körperfeindlichkeit nicht Einhalt gebieten. Aber es wird vielleicht dem einen oder anderen seinen merkwürdigen Männerwahn vor Augen halten, sein Gefühl gegenüber dem Schwanz, zu dem Männer ja eine paranoide Beziehung haben, vor allem die heterosexuellen: der Schwanz als Symbol ihrer Macht, als Szepter. Dieses Buch hätte viel erreicht, wenn die Leser den Schwanz mit einer humorvollen ironischen Distanz betrachten können.

Die GesprächspartnerInnen

Gerhard Altmann

Journalist und Schriftsteller.

Geboren am 25. Juni 1966 in Wien. Lebt und arbeitet im Burgenland.

Bücher: „sim sala mander“, Gedichte; „himmel, hammel, hummel“, Fragmente. Herausgeber (gemeinsam mit Max Bläulich) von „Herta Kräftner: Kühle Sterne“.

Das Gespräch fand am 6. Mai 1998 in der Wohnung von Harald Friedl in Wien Josefstadt statt.

Anonym

Geboren im August 1957 in Wien.

Das Gespräch fand am 23. April 1997 in der Wohnung des Gesprächspartners in Wien Währing statt.

Dietmar Brehm

Künstler.

Geboren am 11. März 1947 in Linz, Oberösterreich.

Ab 1967 Studium der Malerei an der Kunsthochschule Linz bei Prof. Herbert Dimmel. Zahlreiche Ausstellungen in Österreich, Deutschland, Schweiz, Italien, Luxemburg, Niederlande, Rußland, Ägypten, USA, Brasilien.

Parallel zur zeichnerischen und malerischen Arbeit seit 1974 Produktion von 101 EXP-Filmen (EXP für Experiment und Experience), u.a.: „Total“, „Die sensible Haut“, „Sekundenfalle“, „The Murder Mystery“, „Blicklust“, „Party“, „Macumba“. Aufführungen unter anderem: Deutsches Filmmuseum, Frankfurt; Viennale, Wien; Museum of Modern Art, New York; Centre Georges Pompidou, Paris; Cinemateque San Francisco; Film-Forum Los Angeles; Festivals in Europa, Nordamerika, Südamerika, Australien, Afrika und Japan.

Zahlreiche Preise, u.a.: Grand Prix international Film/Video Brüssel; Oberösterreichischer Landeskulturpreis für exp. Film, Linz; 2 a Semana de Cine Experimental (Arco), Madrid; BMUK Würdigungspreis für Filmkunst, Wien; Award for best Surrealism – Humboldt International Film/Video Festival, California;
TV: „Vom Blickpunkt zur Beschattung“, TV-Dokumentation, 1990 und „Dietmar Brehm – Blickzwang“, 7-Stunden Filmnacht, ORF-Kunststücke, 1996 und 3 SAT, 1997.
Das Gespräch fand am 26. Februar 1998 im Atelier von Dietmar Brehm in Linz statt.

Manfred Chobot

Schriftsteller.
Geboren am 3. Mai 1947 in Wien. Studium der Kulturtechnik und Wasserwirtschaft auf der Bodenkultur, Wien. Hochleistungssportler.
Bücher: „Sportgedichte“, 1989; „Ich dich und du mich auch“, Liebesgedichte, 1990; „Dorfgeschichten“, 1992; „Ziegelschupfen oder Die genüßliche Mühe der Bewegung“, 1994; „Der ertrunkene Fisch“, Erzählungen, 1997; „Ansichtskarten“, Stadtgedichte, 1997.
Herausgeber der Reihe „Lyrik aus Österreich“. Redaktionsmitglied der Literaturzeitschrift „Podium“. Hörspiele und Features für ORF, SDR, Radio Bremen und RAI.
Das Gespräch fand am 16. September 1997 in der Wohnung von Manfred Chobot in Wien Ottakring statt.

Franzobel

Schriftsteller.
Geboren am 1. März 1967 in Vöcklabruck, Oberösterreich. HTL für Maschinenbau und Betriebstechnik. Studium der Germanistik und Geschichte.
Ingeborg Bachmann Preis 1995.
Bücher: „Die Krautflut“, 1995; „Schinkensünden“, 1996; „Das Beuschelgeflecht“, 1996; „Kafka“, 1997; „Der Trottelkongreß“, 1998; „Böselkraut und Ferdinand“, 1998;

Das Gespräch fand am 26. März 1998 in der Wohnung von Franzobel in Wien Ottakring statt.

Georg-Philipp

Student der Theaterwissenschaft, Philosophie und Italienisch.
Geboren am 1. Mai 1973 in Zürich.
Das Gespräch fand am 24. April 1997 in der Wohnung von Georg-Philipp in Wien Ottakring statt.

Martin E. Kautter

Freischaffender Fotograf.
Geboren 1955 bei Stuttgart. Ausbildung zum Realschullehrer. Zeitweise Aufenthalt in Wien. Gast an der Kunstakademie. Teilnahme an Workshops. Setzt sich seit über 10 Jahren als Autodidakt fotografisch mit dem Thema Mann und Männlichkeit auseinander (schwarz-weiß Männerportrait/Akt). Lebt seit dem Mauerfall 1989 in Berlin.
Lehrbeauftragter an der Fachhochschule Potsdam, 1995/96.
Fotojournalistische Themen: „Mönche im Augustinerkloster", „Totengräber", „Billeteure in Wien", „Auf Marlene Dietrichs Spuren in Berlin" u.v.a.
Fotoserien für Informationsmaterialien der Deutschen Aidshilfe.
Veröffentlichungen in: „Rosa Flieder", „Magnus", „Das Magazin", „DAH aktuell", „Mein heimliches Auge", „Wiener Zeitung", „Der Standard", „Tagespiegel" u.v.a.
Ausstellungen und Beteiligungen in Freiburg im Breisgau, der „Saalbaugalerie", Darmstadt, im Buchladen und Galerie „Männertreu", Nürnberg; Berlin: Schwules Museum, „Mann-O-Meter", „Galerie Wolf", „Boudoir", Akademie der Künste.
Das Gespräch fand am 21. November 1996 in der Wohnung von Martin E. Kautter in Berlin Neukölln statt.

Karl L.
Musiker.
Geboren 1947 in Wien.
Das Gespräch fand am 15. September 1997 in der Wohnung von Karl L. in München statt.

Manuela L., geborene **Manuel L.**
Unternehmerin.
Geboren am 15. Dezember 1962 in Wien.
Das Gespräch fand am 15. April 1998 in der Wohnung von Harald Friedl in Wien Josefstadt statt.

Lothariane-Charlotte, ehemals **Charlotte von Mahlsdorf,** geborene **Lothar Berfelde.**
Museumskonservatorin und Inhaberin.
Geboren am 18. März 1928 in Berlin. Betrieb bis 1997 privat das Gründerzeitmuseum in Berlin-Mahlsdorf und seit 1997 in Laxå, Schweden. Trägerin des Bundesverdienstkreuzes.
1992 erschienen die Autobiographie „Ich bin meine eigene Frau" und der gleichnamige Film von Rosa von Praunheim.
Das Gespräch fand am 20. November 1996 im Gründerzeitmuseum Berlin Mahlsdorf statt, damals noch im Besitz von Charlotte.

Leo Lukas
Kabarettist und Autor.
Geboren am 8. Jänner 1959 in Köflach, Steiermark. Lebt seit 1989 in Wien.
1982 Gründung der ersten neuen Grazer Jazz- und Kleinkunstbühne „feinkunstwerk & tingaltangel". 1988 „Salzburger Stier" (Patenonkel Georg Kreisler) für das Programm „Die Invasion der Trotteln". Koproduktionen unter anderem mit Thomas Maurer, Josef Hader, Angelika Trabe, Karl Ferdinand Kratzl, Tscho Theissing, Wilfried Scheutz u.v.a.

1997/98 aktuelles Programm „Spinatgnuabini“. CD „Die blauen Engel – gesammelter Unrat“, Extraplatte.
Kindermusicals: „Spuuuk!“, „Der Bär ist los!“ und „Die Prinzessin auf der Kanonenkugel“. Filmdrehbücher: „Supertoy und „Drei Eier für Theo“.
Seit 1996 Kolumnist des monatlich erscheinenden „Reisemagazins“.
1996/97 insgesamt siebenmonatiger Aufenthalt in Cuba. Dort künstlerische Zusammenarbeit u.a. mit Pedro Luis Ferrer.
Das Gespräch fand am 4. September 1997 in der Wohnung von Leo Lukas in Wien Landstraße statt.

Christopher M., geborener **Claudia Elisabeth M.**
Abendschüler an der Höheren Technischen Lehranstalt für Hochbau.
Geboren am 16. Februar 1968 in Wien. Pflichtschule, Klosterschule mit öffentlichem Recht, Ausbildung als Florist, später Bürofachkraft.
Das Gespräch fand am 28. April 1998 in der Wohnung von Christopher M. und Roswitha T. in Wien Landstraße statt.

Franz M.
Musiker und Autor.
Geboren im August 1958 in einer ländlichen Gegend in Oberösterreich.
Das Gespräch fand am 5. Februar 1998 in der Wohnung von Franz M. in Graz statt.

Fritz Ostermayer
Geboren am 19. Juni 1956 in Schattendorf, Burgenland.
Diverse nutzlose, dennoch charmante Studien; früh beschlossen, nichts zu „können“, aber alles zu „machen“: von Beruf also Generaldilettant. In dieser Profession seither tätig als Radiomacher, Journalist, Autor, Musikant, Schauspieler, Performer, Gastlektor, Kurator, DJ, Veranstalter und Vater zweier Kinder. Die Butter aufs Brot zahlt der ORF (FM-4 Im Sumpf).
Das Gespräch fand am 6. Mai 1998 in einem kleinen Nebenzimmer der FM-4 Redaktion im ORF Funkhaus in Wien Wieden statt.

Pamela Andersrum

Entertainer, Künstler, Hure.
Geboren am 17. Februar 1970 in Bratislava, damals noch Tschechoslowakei. Aufgewachsen in Wien. Auftritte in Travestieshows als Tina Turner, Diana Ross und Marilyn Monroe.
Das Gespräch fand am 10. März 1998 in der Wohnung seines Freundes in Wien Hietzing statt.

Hermes Phettberg

Pornograph, Sado-Maso Aktionist, Kolumnist und Talkmaster.
Geboren am 5. Oktober 1952 in Hollabrunn, Niederösterreich.
Das Gespräch fand am 18. August 1997 in der Wohnung von Hermes Phettberg in Wien Mariahilf statt.
Das Foto wurde von Bela Borsodi (Seite 66) am 12. Februar 1994 aufgenommen.

Erwin Puls

Freischaffender Künstler, früher Maler und Aktionist, jetzt Autor.
Geboren am 15. Mai 1939 in Ganderkarsee bei Oldenburg.
Studium der Philosophie und Kunstgeschichte an der Kunsthochschule Düsseldorf und der Malerei bei Josef Beuys. Lehrer für Fotografie in Krefeld.
Bücher: „Die Nachtwachen des Bonaventura. Eine freie Nacherzählung", 1966; „Puls für den Intimbereich. Ein Fotoroman", 1973; „Moral im Beserlpark", 1982; „Das ethisch Abstruse ästhetischer Realität", 1985; „Das Mittel, nicht oder nur schwer darstellbare Bildereignisse der Kunstliebhaberin dadurch nahezubringen, daß sie sie schildert, als sähe sie sie außerhalb. Versuch einer teichoskopischen Vulgärästhetik", 1997.
Acht Ausgaben der Tageszeitung (Morgenausgabe) „Puls. Der klare Blick, das wahre Wort", 1982.
Das Gespräch fand am 12. Februar 1998 in der Wohnung von Erwin Puls in Wien Wieden statt.

Rinaldo

Bildnerischer Künstler.

Geboren 1955 in Freiburg. Ausbildungen an der Universität Freiburg, dem Institute of Asian Studies, San Francisco, und der freien Kunsthochschule Ottersberg, Bremen.

Zahlreiche Ausstellungen, unter anderen in Berlin (Galerie Wolf, Buodoir, Schwules Museum, Galerie im Körnerpark), Hamburg (Torhaus Wellingsbüttel), New York (Wessel O`Connor Galery, PS 1 Museum, The Contemporary Institute of Art, Stuart Levy Fine Arts), Los Angeles (Fine Arts Galery), Phoenix (MARS Art Space), Istambul (Atatürk Cultural Center), Lausanne (Deutsch Foundation), Bern (Dampfzentrale), Wiesbaden (Nassauischer Kunstverein).

Das Gespräch fand am 22. November 1996 im Atelier von Rinaldo in Berlin Schöneberg statt.

DDDr. Rolf Schwendter

Autor, Forscher und Hochschulprofessor.

Geboren am 13. August 1939 in Wien. Studierte Theaterwissenschaften, Jus und Soziologie in Wien bis 1968. Freischaffender Liedermacher und Autor bis 1971. 1971 bis 1974 Assistent für politische Wissenschaften an der Universität Heidelberg. Seit 1975 Hochschullehrer für Devianzforschung an der Universität Kassel.

Bücher: „Schwendters Kochbuch. Rezepte für eine andere Küche“, 1997; „Dizzling Fifties“ 1996; „Rosa Luxemburg im botanischen Garten“ 1996; „Tag für Tag“ 1996; „Arme essen, Reiche speisen. Neuere Sozialgeschichte der zentraleuropäischen Gastronomie“, 1995; „Utopie“ 1993; „Drogenabhängigkeit und Drogenkultur“ 1992; „Katertotenlieder“ 1987; „Alltag im Krankenhaus“ 1979; „Theorie der Subkultur“ 1971 und 1993 u.v.a.

Das Gespräch fand am 4. September 1997 im Gastgarten des Café Weidinger in Wien Ottakring statt.

Napoleon Seyfarth

Schriftsteller.

Geboren am 31. August 1953 in Ludwigshafen-Oggersheim. Studium der Psychologie in Mannheim. Lebt und liebt seit 1980 in Berlin Schöneberg. Wird dort auch einst auf dem St. Mattäus Friedhof, Abteilung Q-W-Erb 344, begraben sein. Autor von „Schweine müssen nackt sein“ und „Schwein oder Nicht-Schwein. Fragen und Antworten zum Leben“ sowie anderen „unsittlichen Werken“. „Nach eigenen Angaben bekannt von Film, Funk, Fernsehen und übler Nachrede.“ Sein Geburtsort, die Saumagenmetropole Oggersheim, ist auch durch einen schwergewichtigen deutschen Politiker bekannt geworden. Eine Berliner Zeitung schrieb über Seyfarth: „Aus Oggersheim kommt ein großer Mann und ein langer. Der lange ist Helmut Kohl.“

Die Gespräche fanden am 22. November 1996 und am 12. Mai 1998 in der Wohnung von Napoleon Seyfarth (Schloß Neuschweinstein) in Berlin-Schöneberg statt.

Willi

Kleinunternehmer. Geboren 1945 in Salzburg. Das Gespräch fand am 20. März 1997 im Hinterzimmer eines öffentlichen Lokals in Salzburg statt.

Mario Wirz

Dichter.

Geboren am 3. Dezember 1956 in Marburg an der Lahn, wuchs auf in Frankenberg. Schauspielausbildung in Berlin. Engagements in Berlin und Kiel. Freier Schriftsteller seit 1988.

Bücher: „Es ist spät, ich kann nicht atmen. Ein nächtlicher Bericht“, 1992; „Ich rufe die Wölfe“, Gedichte, 1993; „Biographie eines lebendigen Tages“, 1994; „Folge dem Fieber und tanze. Briefe zwischen Alltag, Sex, Kunst und Tod“, (Briefwechsel mit Rosa von Praunheim), 1995; „Das Herz dieser Stunde“, Gedichte, 1997.

Das Gespräch fand am 20. November 1996 in der Wohnung von Mario Wirz in Berlin Neukölln statt.

Verwendete und zitierte Literatur

Philippe Ariés, „*Geschichte des Todes*“, München 1991.

Aristoteles, „*Problemata physica*“, Darmstadt 1962 (Becker).

Roland Barthes, „*Fragmente einer Sprache der Liebe*“, Frankfurt/M. 1988.

Georges Bataille, „*Die Erotik*“, München 1994.

Georges Bataille, „*Das obszöne Werk*“, Reinbek bei Hamburg 1977.

Georges Bataille, „*Die Tränen des Eros*“, München 1981.

Ernest Borneman, „*Das Patriarchat. Ursprung und Zukunft unseres Gesellschaftssystems*“, Frankfurt/M. 1975.

Clifford Bishop, „*Sex and Spirit*“, Alexandria, Virginia 1996.

Dudley Seth Danoff, „*Superpotenz*“, München-Essen 1996.

Karlheinz Deschner, „*Das Kreuz mit der Kirche. Eine Sexualgeschichte des Christentums*“, Düsseldorf-München 1992.

Helene v. Druskowitz, „*Der Mann als logische und sittliche Unmoeglichkeit und als Fluch der Welt*“, Freiburg 1988.

Hans Peter Dürr, „*Nacktheit und Scham. Der Mythos vom Zivilisationsprozeß, Band 1*“, Frankfurt/M. 1988.

Gerhard Femmel, Christoph Michel, „*Die Erotika und Priapea aus den Sammlungen Goethes*“, Frankfurt/M.-Leipzig 1993.

Michel Foucault, „*Der Wille zum Wissen. Sexualität und Wahrheit 1*“, Frankfurt/M. 1983.

Sigmund Freud, „*Das Unbehagen in der Kultur*“, Frankfurt/M. 1994.

David D. Gilmore, „*Mythos Mann*“, München 1991.

Max Goldt, „*Der unbekannte Geruch*“. In: „Die Radiotrinkerin“, München 1998.

Almudena Grandes, „*Malena*“, München 1996.

Elfriede Jelinek, „*Lust*“, Reinbek bei Hamburg 1989.

Hermann Kinder, „*Die klassiche Sau. Das Handbuch der literarischen Hocherotik*“, Berlin 1994.

Bernhard Kytzler (Hrsg.), „*Carmina Priapea. Gedichte an den Gartengott*“, Zürich-München 1978.

Luigi Malerba, *„Der Protagonist“*, Frankfurt/M. 1994.
Thomas Mann, *„Doktor Faustus“*, Frankfurt/M. 1967.
Marc Aurel, *„Selbstbetrachtungen“*, Frankfurt-Leipzig 1992.
Ludwig Marcuse, *„Obszön. Geschichte einer Entrüstung“*, Zürich 1984.
Alexander und Margarete Mitscherlich, *„Die Unfähigkeit zu trauern.“*, München-Zürich 1977.
Alberto Moravia, *„Ich und Er“*, Reinbek bei Hamburg 1994.
Friedrich Nietzsche, *„Der Wille zur Macht“* in „Werke in vier Bänden“, Salzburg 1983.
Anaïs Nin, *„Die verborgenen Früchte“*. München–Zürich, o. J.
Michel Onfray, *„Der sinnliche Philosoph“*, Frankfurt/M.-New York 1992.
Pier Paolo Pasolini, *„Freibeuterschriften. Die Zerstörung der Kultur des Einzelnen durch die Konsumgesellschaft“*, Berlin 1988.
Wilhelm Reich, *„Die Funktion des Orgasmus. Sexualökonomische Grundprobleme der biologischen Energie“*, Köln 1969.
Philippe Roth, *„Portnoys Beschwerden“*, Reinbek bei Hamburg 1997.
Sabina Riedl, Barbara Schweder, *„Der kleine Unterschied. Warum Männer und Frauen anders denken“*, Wien 1997.
Peter Sloterdijk, *„Kritik der zynischen Vernunft, Band 1 und 2“*, Frankfurt/M. 1983.
Klaus Theweleit, *„Männerphantasien“*, 2 Bände, Basel-Frankfurt 1986.
Dr. Karl Weißbrodt, *„Gattenpflichten, christlich und ärztlich beleuchtet. Ein Hochzeitsbrevier für Brautleute und Vermählte“*, Bern-Leipzig 1881.
Gisela von Wysocki, *„Fremde Bühnen. Mitteilungen über das menschliche Gesicht“*, Hamburg 1995.
Eva Zutzel & Adam Zausel, *„Die neue klassiche Sau. Das Handbuch der literarischen Hocherotik“*, Berlin 1997.

Zitierte Filme

Woody Allen: *„Der Stadtneurotiker“*. USA 1977.
Filmnacht Dietmar Brehm, *„Blickzwang“*, Teil 1 und 2, ORF 1996.
David Green, *„Airborne – Flügel aus Stahl“*, USA 1990.
Roland Topor und Henri Xhonneux, *„Marquis“*, Frankreich 1989.

Der Autor

Harald Friedl

wurde 1958 in Steyr/Oberösterreich geboren. Nach dem Abschluß seines Studiums der Anglistik und Germanistik an der Universität Salzburg verbrachte er ein Jahr als Lektor am German Department der University of Kingston, England.
Jahrelang war er Mitarbeiter am Institut für Alltagskultur in Salzburg. Zwischen 1991 und 1993 leitete er das neugegründete Literaturhaus in Salzburg, den Eizenbergerhof. Sänger der Rockband „Scheiblingseder", Texter und Sänger der Formation „Blaumarot" (die CD „Blaumarot" erschien im Herbst 1998).
Literarische Arbeiten von Harald Friedl wurden in Anthologien und Zeitschriften publiziert. Seit 1989 dreht er Dokumentarfilme über LiteratInnen und KünstlerInnen sowie essayistische Dokumentationen über kulturelle Phänomene. Derzeit arbeitet er an einem Film über die österreichische Identität.
Harald Friedl lebt in Salzburg, Wien und Mitterretzbach.

EROTIK im Promedia-Verlag

Christa Nebenführ (Hg.)
Die Möse
Frauen über ihr Geschlecht
192 Seiten, viele Photos, DM 29,80; sFr. 27,50; öS 218.-
ISBN 3-85371-136-7

Andreas Brunner/Hannes Sulzenbacher
Schwules Wien
Reiseführer durch die Donaumetropole
224 Seiten, reich bebildert, mit Serviceteil, DM 34.-; sFr. 31,50; öS 248.-
ISBN 3-85371-131-6

Susanne Mauthner-Weber
Venuswege
Ein erotischer Führer durch das alte Wien
192 Seiten, reich bebildert, DM 29,80; sFr. 27,50; öS 218.-
ISBN 3-900478-99-6

Neda Bei (Hg.)
Das lila Wien um 1900
Zur Ästhetik der Homosexualität
128 Seiten, DM 26.-; sFr. 24.-; öS 190.-
ISBN 3-900478-13-9

Krista Beinstein
Obszöne Frauen
Fotoband über normüberschreitende Sexualität unter Frauen
144 Seiten, Großformat, DM 29,80; sFr. 27,50; öS 218.-
ISBN 3-900478-11-2

Peter Jirak
Erotik und Gourmandise
Gastrosophischer Diskurs vom menschlichen Glück
208 Seiten, gebunden, bebildert, DM/sFr. 38.-; öS 277.-
ISBN 3-900478-55-4

KULTURGESCHICHTE im Promedia-Verlag

Carolyne Larrington (Hg.)
Die mythische Frau
Ein kritischer Leitfaden durch die Überlieferungen
522 Seiten, gebunden, reich bebildert, DM 58.-; sFr. 52,50; öS 423.-
ISBN 3-900478-84-8

Rolf Schwendter
Schwendters Kochbuch
Rezepte für eine andere Küche
216 Seiten, bebildert, DM 24.-; sFr. 22.-; öS 175.-
ISBN 3-85371-119-7

Rolf Schwendter
ARME ESSEN - REICHE SPEISEN
Sozialgeschichte der zentraleuropäischen Küche
248 Seiten, bebildert, DM 34,-; sFr. 31,50; öS 248.-
ISBN 3-900478-89-9

Christoph Spehr
Die Ökofalle
Nachhaltigkeit und Krise
240 Seiten, br., DM 34.-; sFr. 31,50; öS 248.-
ISBN 3-85371-108-1

Bernhard Frankfurter (Hg.)
CARL MAYER: Im Spiegelkabinett des Dr. Caligari
Der Kampf zwischen Licht und Dunkel
220 Seiten, DM 34.-; sFr. 31,50; öS 248.-
ISBN 3-85371-122-7

Bernhard Frankfurter (Hg.)
Offene Bilder
Film, Staat und Gesellschaft in Europa nach der Wende
256 Seiten, br., DM 34.-; sFr. 31,50; öS 248.-
ISBN 3-900478-91-0